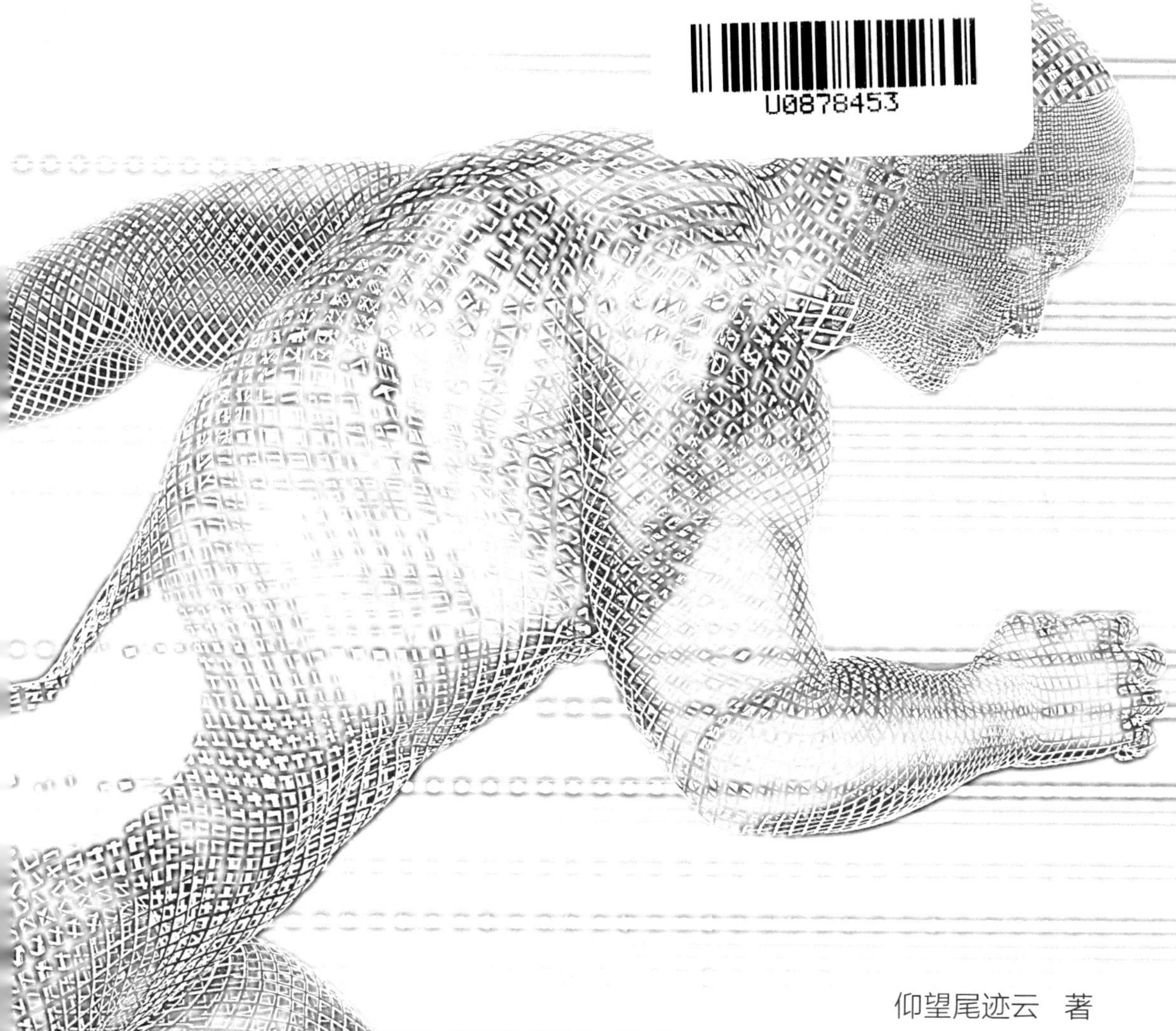

仰望尾迹云 著

健身必须懂

——极简健身生理学

FITNESS

山东科学技术出版社
·济南·

图书在版编目（CIP）数据

健身必须懂：极简健身生理学 / 仰望尾迹云著. -- 济南：山东科学技术出版社，2021.5（2025.7重印）

ISBN 978-7-5723-0045-5

Ⅰ. ①健…　Ⅱ. ①仰…　Ⅲ. ①运动生理学 - 基本知识　Ⅳ. ① G804.2

中国版本图书馆 CIP 数据核字 (2021) 第 082273 号

健身必须懂：极简健身生理学

JIANSHEN BIXU DONG: JIJIAN JIANSHEN SHENGLIXUE

责任编辑：王兆阳

装帧设计：侯　宇

主管单位：山东出版传媒股份有限公司

出 版 者：山东科学技术出版社

地址：济南市市中区舜耕路 517 号

邮编：250003　电话：（0531）82098088

网址：www.lkj.com.cn

电子邮件：sdkj@sdcbcm.com

发 行 者：山东科学技术出版社

地址：济南市市中区舜耕路 517 号

邮编：250003　电话：（0531）82098067

印 刷 者：山东华立印务有限公司

地址：山东省济南市莱芜高新区钱塘江街 019 号

邮编：271100　电话：（0531）76216033

规格： 16 开（170 mm × 240 mm）

印张： 9.5　**字数：** 200 千　**印数：** 18 001~23 000

版次： 2021 年 5 月第 1 版　**印次：** 2025 年 7 月第 4 次印刷

定价： 55.00 元

前言

FOREWORD

现在市场上，很缺一本针对健身人群，讲运动生理学基础的书。运动营养学、运动解剖学、运动生理学，是健身的三大基础科学。健身这件事，你想把它做好，这“三条腿”，一条都不能缺。

运动营养学方面的内容我写得比较多，我有一本专门讲运动营养学的书。我讲运动解剖学的书，现在也正在走最后的出版流程，很快就能跟读者见面了。现在，这本运动生理学的书面世，这三大基础科学，我这儿就算凑齐了。我这儿凑齐了，中国健身领域这方面的空白，也就算是填上了。

可能有人觉得，我这话说得有点大。实际上，真正了解国内健身圈子也真的读过我的书的人都知道，我这话是大实话。

现在关于健身的书很多，但真的去认认真真讲基础知识的几乎没有。为什么？因为作者对这东西不感兴趣。作者感兴趣的，是所谓边缘的东西，比较新、比较热的话题，另外就是特别实操性的东西。

任何领域都一样，最重要的还是“童子功”，也就是基本功。健身这件事上也不例外。你基础掌握不好，就像盖大楼，底下是虚的，楼稍微高一点就站不住了。

很多人健身了多少年，连最基本的运动生理学知识都没有。我举个最基础的例子吧。比如有氧训练的时候消耗什么能量物质，力量训练的时候消耗什么能量物质，这是最基本的运动生理学基础知识，但就这么简单的事儿，很多人还是搞不清楚。这些问题搞不清楚，你去深入谈有氧运动，谈力量训练，谈这些运动怎么运用到减脂、增肌甚至备赛当中去，那根本就是不对路。所以，现在网上也好，身边也好，高谈阔论健身知识的大有人在，但往往说出来的话，错误都非常多，甚至有的人说了一大堆，却从头到尾都是错的。

因为人们对基础知识不重视，所以这类书很少，好书就更没有。有的读者可能担心，说这本书讲基础知识是不是跟实际操作离得远，不，这个担心是不必要的。

我这么给你打个比方。比如你要去做买卖，你可能感兴趣的是你去哪儿进货，在什么平台销售，怎么包装吆喝你的东西。这些都是最实操、最直接的信息，你想知道这些事，这没有错，但只知道这些，你走不远，想赚大钱是不可能的。如果你只把眼光放在这些事上，你很可能最后赔光你的钱。

真的想把生意做好、做大，你需要的就不仅仅是这些实操性的东西了，更重要的，你要把基础的知识掌握到。比如，你要知道一些基本的经济学原理，要懂一些消费心理学，也要对市场政策、市场的发展和走向有一些了解。这些东西都不是直接实橾的东西，但是如果你掌握了，那么这些东西要比实操性的东西更有用，更值钱得多。

你去健身，都是想让自己做到最好。所以我希望，你把基础知识学好，把基本功打牢靠。只有这样，你才能真的从傻健身当中走出来，真的走到健身正路上去。

难吗？其实也不难。最基础的知识就那些，一点也不复杂。只要认真，人人都能学会、学好。

这本书，也是我公益写作的一本书，不拿一分钱稿费。我是做公益健身科普起家的，后来商业化了，但是对于公益这件事，我一直没忘，做公益的事总是让我最开心的事。

希望你练得更好，也希望中国健身市场更健康、更科学，走得更远。

目录
CONTENTS

第一章　了解你的肌肉…………………………… 1

1.1　骨骼肌、平滑肌和心肌 ……………………… 1

1.2　肌肉的基本收缩单位——肌纤维 ………… 5

1.3　什么是“快肌”，什么是“慢肌”？ ……… 12

1.4　什么是运动单位？ …………………………… 16

第二章　肌肉的收缩………………………………… 22

2.1　为什么不能用轻重量增肌？ ………………… 22

2.2　什么是向心收缩、离心收缩和等长收缩？ … 26

2.3　为什么宽握练肱二头肌内侧，窄握练外侧？… 30

2.4　肌肉的速度—张力关系 ……………………… 33

第三章　生物能量学基础——运动与能量代谢………… 35

3.1　ATP 究竟是什么？ …………………………… 35

3.2　无氧运动和有氧运动的区别到底是什么？ … 37

3.3　四种能量物质 ………………………………… 41

3.4 运动中糖和脂肪的利用 ………………………… 46

3.5 脂肪的分布和为什么不能局部减肥? …… 48

3.6 脂肪是怎么被燃烧掉的? ………………… 51

第四章 我该怎么练——人体的运动适应(上)…… 55

4.1 为什么有的人肌肉围度小但力量大? …… 55

4.2 练肌肉,是先长围度,还是先长力量? … 62

4.3 “练神经”,特别有意思 ……………… 64

4.4 人体的肌纤维会增多吗? ………………… 67

4.5 为什么说离心收缩是力量训练的灵魂? … 69

4.6 最顽固的荒谬观点——轻重量增肌 ……… 73

第五章 我该怎么练——人体的运动适应(下)…… 76

5.1 每组的个数和训练组数 …………………… 76

5.2 组间休息时间 ……………………………… 79

5.3 动作速度和训练频率 ……………………… 81

5.4 其他训练要素 ……………………………… 85

5.5 爆发力的训练方法 ………………………… 89

5.6 半程收缩和全程收缩,哪一个更好? …… 92

5.7 力量训练停训后会怎么样? ……………… 97

第六章 神秘花园——激素(上)…………………… 102

6.1 什么决定了激素水平高低? ……………… 102

6.2 为什么胰岛素一般只能注射，而睾酮既可以口服也可以注射？ ························ 107

6.3 豆腐里有雌激素？增肌的人能不能吃豆腐？ ························ 109

6.4 为什么很多健美运动员会偷偷打胰岛素？···112

6.5 运动和胰岛素的关系 ························ 115

6.6 皮质醇是怎么让我们丢肌肉的？ ············ 118

6.7 运动跟皮质醇的关系 ························ 122

第七章 神秘花园——激素（下） ························ 124

7.1 睾酮水平高肌肉就一定大吗？ ·············· 124

7.2 为什么“用药”会引起睾酮分泌不足？ ··· 126

7.3 运动与睾酮的关系 ························ 128

7.4 不吃饭生长激素水平会很高，增肌应该不吃饭吗？ ························ 133

7.5 运动与生长激素的关系 ························ 136

7.6 IGF-1，被增肌者忽略的强力增肌促进剂 ··· 139

第一章　了解你的肌肉

1.1　骨骼肌、平滑肌和心肌

这一章，我们用通俗的语言，讲一讲本书最基础的知识，也是增肌训练最基础的知识——肌肉基础生理。增肌，当然要先了解肌肉，我们这里说的肌肉，还有我们平时说的增肌，都是指骨骼肌（也叫随意肌、横纹肌）。之所以叫骨骼肌，是因为这些肌肉都是附着在骨骼上的。肌肉一收缩，长度缩短，骨骼就会被拽着动起来，这样就有了运动。

有人可能会问，我们身上还有不是骨骼肌的肌肉吗？当然，除了骨骼肌，还有两种肌肉：平滑肌和心肌。

平滑肌主要就是我们内脏、血管上的肌肉，而心肌就是构成心脏的肌肉。这两种肌肉都不是附着在骨头上的。还有一个显著差别是，骨骼肌可以受我们自己的控制收缩，而平滑肌和心肌不可以。

骨骼肌也叫随意肌，是因为骨骼肌是我们自己可以随意控制的。比如，我们想抬起胳膊就能抬起胳膊，想迈腿就能迈腿，都是因为我们可以控制胳膊和腿上的肌肉。但平滑肌的收缩我们自己控制不了，比如胃部一直在蠕动，肌肉一直在收缩，我们连感觉都感觉不到，更别说控制了。心肌则更不用说，我们同样没法控制它的收缩。虽然也能想办法让心脏跳快点或者跳慢点（比如通过运动或者放松），但心脏的收缩并不直接受我们主观意识的控制。

我们可以随意控制骨骼肌，但并不是百分之百的随意，不是完全的随意。比如，我们能控制自己的胳膊和腿抬起或者放下，但是在这个过程中，并不能有意识地控制胳膊或者腿上具体某一块参与抬起或放下的肌肉。我们是让胳膊或者腿活动，而不是用意识控制具体某一块肌肉运动。对于没有运动解剖学知识的人来说，胳膊和腿上有什么肌肉也并不了解。

我们做任何一个动作，都是一群肌肉在协调控制活动。有的肌肉负责主动收缩，提供正向动力；有的负责协调收缩，帮助提供一个正向的动力；有的负责拮抗收缩，提供一个反向动力，目的是稳定关节，完成好动作。这里面的肌肉活动非常精细，但都不是我们主观意识能够控制的。比如我们通过肌电研究知道，人体直立做体前屈的动作时，身体稍微前屈，则浅层竖脊肌明显收缩，深层竖脊肌稍微收缩，腰方肌基本不收缩；随着前屈幅度的增大，深层竖脊肌和腰方肌的收缩程度提高，浅层竖脊肌收缩程度降低；当我们躯干完全屈曲的时候，腰方肌、深层竖脊肌明显收缩，但浅层竖脊肌不完全收缩，处于静止状态。

这些复杂的、随着动作变化而产生的肌肉协调收缩是你有意识地控制的吗？当然不是，而是由神经系统自主协调控制的。做动作的时候，你是意识不到你的肌肉是如何协调运动的。

我们再举个例子。你正常站立时，收缩你的胸肌，这时候摸一下你的背阔肌是什么状态。对，它跟着一起收缩了。这时候你能不能只收缩胸肌，让背阔肌放松呢？你肯定做不到。因为胸肌收缩时，背肌作为拮抗肌，必须要协同收缩，否则你就无法保持一个正常自然的姿态。

那么在什么情况下能做到只收缩胸肌，不收缩背阔肌呢？就是在肩胛骨使劲儿外展的时候，也就是两个肩膀往前伸（肩膀向里扣），这时候能做到收缩胸肌不收缩背阔肌。在这种姿态下，我们不需要背阔肌拮抗胸肌的收缩来保持一个正常的姿势。所以肌肉的控制，其实是非常复杂的，并不是我们简单地靠想就能控制的。因此，骨骼肌也是“不随意”的。那肌肉的控制谁说了算呢？主要看身体是什么姿势，看我们做什么动作，另外看动作的负荷（也就是有多大阻力）、动作的速度等等。

那我们的意念是不是完全不能为训练帮上忙呢？也不一定，因为人的意念有时候挺神奇的。比如我们通过想象训练，完全不活动肌肉，也有让肌肉收缩力量增大的可能（当然，这是神经控制的结果，肌肉横截面不会增大），所以我们在训练的时候，通过意念有时能够在一定程度上控制肌肉的收缩，但是这种程度绝对不会很强，甚至到底能不能做到现在还没有明确的答案。我们如果过分强调意念对肌肉的控制，强调所谓念动一致，那就不对了。

有人可能会说，他训练的时候如果集中注意力，用意念控制肌肉感觉很明显啊。大家请注意，感觉很多时候是靠不住的，我们在训练的时候，可能需要关注感觉，但是一定不要过度关注感觉。

很多人强调找到所谓的肌肉“发力感”，没找到就是白练。这就是过度关注感觉。比如做高位下拉，有人说他找不到背阔肌发力的感觉，是不是白练了？当然不是。只要你用了足够大的重量，只要是动作做对了，背阔肌必然会收缩（收缩的程度跟你使用的重量有关）。因此，“发力感”找到了很好，也有助于我们关注正确的动作，但是没必要片面地、过度地追求发力感，更多的注意力应该关注在动作本身和使用的负荷上面。只要动作做对了，负荷用足了，即使没有发力感，你的肌肉也已经训练到了。

1.2 肌肉的基本收缩单位——肌纤维

首先讲讲什么是肌纤维。

我们的肌肉，从外形上看是一大块，这一大块肌肉是由一根一根的肌纤维组成的，因为每一根肌纤维都能收缩，所以一大捆肌纤维组成的肌肉也就能收缩了，因此，由肌纤维构成的骨骼肌就可以收缩了。

那么肌纤维又是什么构成的呢？肌纤维是由肌原纤维构成的。一根根肌原纤维平行排列，合在一起组成了肌纤维。肌原纤维比肌纤维的单位更小。就好比每一根肌原纤维都是一根毛丝，很多根毛丝就组成了一根毛线，也就是肌纤维。很多毛线最后又组成了一件具有功能的毛衣——肌肉。大家要注意区别肌纤维和肌原纤维，要能区分出谁组成谁，能直观地想象肌原纤维、肌纤维和肌肉的关系。

那么，肌纤维的收缩，是不是因为肌原纤维能收缩呢？的确是这样，肌原纤维是组成肌纤维的单位，因为肌原纤维能收缩，所以肌纤维才具有收缩功能。进一步说，肌原纤维能收缩，是因为一种叫“肌小节”的东西能收缩。一个个肌小节首尾相连，就组成了肌原纤维。

肌纤维即肌细胞，里面有很多跟运动有关的东西，比如我们常说的肌糖原就储存在肌纤维里。

肌纤维里另一种重要的东西就是线粒体。线粒体俗称细胞工厂，是细胞产生能量的主要场所。我们平时说运动燃脂，那脂肪在哪儿燃烧呢？主要就是在肌纤维的线粒体里面。也就是说，运动的时候，我们的脂肪分解，变成脂肪酸，要被血液循环运输到肌纤维的线粒体里面，才能被燃烧掉产生能量。而血液循环会把脂肪酸带到全身去氧化燃烧，了解了这一点，就知道局部减肥是做不到的。所以，不存在局部脂肪供应局部肌肉的情况。但是，不同部位的脂肪组织分解成脂肪酸进入血液的速率有高有低。比如内脏脂肪，分解速率一般比较高。也就是说，减肥是全身一起减，但比例上有差别，有的地方减得多一些，有的地方减得少一些，但是，这依旧跟运动哪里不运动哪里没关系。

这里顺便说一下左旋肉碱。简单地说，左旋肉碱就是把脂肪酸输送进线粒体里面的物质。没有左旋肉碱，脂肪酸就无法进入线粒体被燃烧掉，所以人们认为补充左旋肉碱能减肥。但实际上，补充左旋肉碱并没什么用。首先，吸收率很低，除非剂量非常大。其次，身体自身合成和食物中的左旋肉碱一般已经足够了，多补充没有太大意义。

那么一根肌纤维有多粗呢？通常是 10 ~ 100 微米，粗细不等。我们的头发有多粗？一般是 80 ~ 100 微米。所以，粗一点的肌纤维跟头发差不多粗细，我们用肉眼是能看得清的。

身体不同部位的肌纤维的粗细不一样，有的粗有的细。比如股直肌、臀大肌的肌纤维都比较粗，而股薄肌、缝匠肌的肌纤维就比较细。肌纤维越粗，收缩的时候力量就越大。我们做力量训练，最主要的目的之一就是要把肌纤维练粗，这样就有更大的力量。

一块肌肉里有多少根肌纤维是不定的。大块的肌肉里面肌纤维就比较多，有的几万根几十万根甚至更多。小肌肉里肌纤维就很少，比如我们身上有一块肌肉叫“鼓膜张肌”，是调整耳朵里鼓膜张力的，这块肌肉里面只有几百根肌纤维，非常少。

肌纤维有多长呢？有的长有的短。在同一块肌肉里面，有些肌纤维就是一整块肌肉的长度，从肌肉的一头贯穿到另一头。还有很多肌纤维长度很短，通过结缔组织跟其他肌纤维连接在一起。也就是说，是几根肌纤维串联成一根长的肌纤维，这根长的肌纤维再贯穿整块肌肉。

人体最长的肌纤维到底有多长，数据并不统一，有的说 25 厘米，有的说 30 厘米，还有的说 50 厘米。其实这种不统一，很大程度上是因为对肌纤维的定义角度不同，有的是解剖学意义上的，有的是功能意义上的。

从解剖学的意义上讲，几根短的肌纤维串联成的一根长的肌纤维不能算是一根肌纤维，而是几根肌纤维，需要沿着纵轴去辨识结缔组织，分离出单独的一根肌纤维。但从功能意义上讲，串联的肌纤维也可以看作一根肌纤维。所以大家在书上看到肌肉纤维长度的数据，有的几十厘米，也不用大惊小怪，这一般是指功能意义上的肌肉纤维。还有的数据说，人类最长的肌纤维只有12厘米长，这样看的话，很多肌肉的长度都大于12厘米，也就是说，很多肌纤维都是串联的。

其实，人体的很多大肌肉中，肌纤维都是分段的。比如有的研究观察到，缝匠肌分成四段，半腱肌分成三段，股二头肌和股薄肌就分成两段。为什么这里要重点强调分段的肌纤维呢？因为分段的肌纤维是几根短肌纤维串联成的。肌纤维收缩的时候，有的是几根短肌纤维同时收缩，但有的并不同时收缩，可能中间一小段肌纤维收缩，旁边的不收缩，也可能其他几段肌纤维都收缩，但剩下一段不收缩。这是因为，一根长肌纤维上的每一段短肌纤维，都可能属于不同的“运动单元”，也就是不受同一根运动神经元的控制，所以可能出现不同步收缩的情况，这就非常复杂了。比如运动损伤中，腘绳肌拉伤比较常见，这可能就跟腘绳肌群肌纤维这种复杂的分布和控制有关。因为串联的几段肌纤维收缩的时候不同步，就容易出现一些薄弱的容易被过度拉伸的位置。大多数肌纤维收缩，某一根肌纤维不收缩就会被迫拉伸，有些连接界面就成了薄弱点，容易出现损伤。

这方面的知识，还涉及局部增肌的问题。传统民间“增肌理论”认为：练胸肌时，有些动作是练中缝的，有些是练外沿的；练腹肌时，卷腹是练上腹部的，举腿是练下腹部的。但从肌电研究来看，这些说法都站不住脚。比如很多对腹肌的肌电研究发现，卷腹动作不一定对腹肌上端的刺激较大，举腿也不一定就针对腹肌下端。当然，有人会说，做卷腹的时候，腹肌上部就是感觉更酸胀。感觉有时候是靠不住的，因为你无法准确地判断出现这种感觉的原因。比如肌肉更胀、泵感更强就一定是肌肉得到了更多刺激吗？不一定。如果在加压训练的时候限制肌肉血流，也能用非常轻重量的刺激产生更强的泵感。这是肌肉内血流减少，代谢产物无法快速清除导致的。所以，卷腹的时候上腹肌泵感更强，也可能跟上腹肌被更大程度地挤压有关。感觉上虽然是肌肉不同的位置发胀，但不一定就代表发胀的位置能获得更好的训练效果。如果不了解基本的理论，只用感觉来判断，很可能得出错误的结论。

我们继续说回到肌纤维。为什么不能单独训练局部一块肌肉呢？如果肌纤维是贯穿肌肉的一整根，那么就不可能存在单独刺激一小段的情况。但假如肌纤维是分段的，并且每一段肌纤维都受到不同的运动神经元控制，那么如果能精确地分段控制肌纤维，倒是有可能实现对一块肌肉的局部进行增肌。但问题在于，我们根本不可能精确地控制肌肉上的一段肌纤维，而且肌纤维分段可能也没有特别的规律可循，每个人的肌纤维结构形态也可能差异巨大，所以，所谓有针对性地练一块肌肉的局部增肌方法都不严谨。何况肌纤维在肌肉内的排列方法比刚才讲到的还要复杂，我们根本不可能有针对性地专门去收缩一块肌肉上的一个局部。所以，我们要充分地认识肌肉结构和肌肉控制的复杂性，这个复杂程度是远远超出我们想象的。关于运动和健身，并不像很多有经验的训练者说的那样很简单，规律一摸就透，想练哪里练哪里，其实很多东西，学术界目前都不清楚。

反过来说，这些训练者的说法言之凿凿，有科学依据吗？往往谁都拿不出来，都是主观感受。凭借训练经验获得的主观感觉，可能是对的，也可能是错的。即使对于你自己来说是对的，也不一定就适合所有人。所以，科学研究的宝贵之处在哪儿？就在于客观。只有客观，才能对更多人有用。倒是有明确的研究发现，肌肉通过训练可以增大。肌腹部分，也就是肌肉的中间部分，和肌肉的远端近端，也就是肌肉的两头，都是同时增大的。但是肌腹部分增大会比较多，两端会比较小。所以，增肌训练的一般规律，拿胸肌来说，都是“先鼓后宽”，也就是胸肌中间部分先比较明显地隆起，持续增大之后，中缝和外沿才会明显形成。并不存在明确的依据说哪种方法只练中缝，哪种方法只练外沿。

训练经验很宝贵，有些东西也确实要在训练中摸索自己的规律，经验如果能被科学研究支持，那固然好，不能被支持，就只能是主观经验，可信度就要打问号了。理论再有价值，自己的实际操作也是任何理论研究都无法替代的。我们必须要谨慎对待经验，如果把经验凌驾于科学理论研究之上，那是要走弯路的。正确的方法是用理论指导个人实践，用个人实践理解理论，而不是用经验指导个人实践，用个人实践否定科学理论。

回到肌纤维的话题。刚才说了，肌纤维越粗，收缩力量越大，那肌纤维长的话，收缩起来有什么特点呢？答案是：肌纤维越长，收缩就越快。

运用到实践当中，我们身上肌纤维长的肌肉，往往用来提供更快的收缩速度；宽而短的肌肉，往往用来提供更强的收缩力量。比如，股二头肌的长头和短头。长头的生理横截面积一般是短头的3倍，这说明长头是股二头肌提供收缩力的主要部分。而短头的肌纤维长度更长，是长头的1.7倍（不同的人数据可能有出入），所以短头更具备速度型倾向，有更强的瞬间收缩能力。

当然，肌肉的收缩速度和力量，跟肌纤维的排列类型和肌纤维本身的类型也有关系，这些内容后面都会讲到。

1.3 什么是“快肌”，什么是“慢肌”？

这一节我们讲一下肌纤维的类型，肌纤维的类型跟增肌关系很大，这部分基础知识我们必须要了解。

什么叫肌纤维的类型呢？上一节讲了肌纤维，肌纤维就是肌肉细胞，但是肌纤维并非一种，而是有很多种不同的类型。有的稍微粗壮一点，力气大，俗称“快肌”。有的稍微纤细一点，力气小，俗称“慢肌”。这些不同类型的肌纤维共同组成了我们的肌肉。

民间有很多说法，比如小腿肌肉都是“慢肌”，肩膀肌肉都是“慢肌”，这完全没有科学依据，因为这些肌肉里面的肌纤维都是混合的，快肌慢肌都有。涉及力量训练时，有很多人说，慢肌纤维就要轻重量多次数来训练，这是不对的。因为学术界没有这种明确的说法。对于抗阻训练的建议，根本不区分肌纤维类型。至于所谓的某块肌肉都是慢肌，要用轻重量来训练，就更不对了，既没有哪里的肌肉都是慢肌，也不存在慢肌需要轻重量训练这种说法。

我们身上不同位置的肌肉，还有不同的人身上同一位置的肌肉，里面的肌纤维构成都不一样。有的快肌多一点，有的慢肌多一点，有的甚至差异明显。我们身体肌肉纤维类型大都是天生的，后天几乎很难改变。不同的人的运动天赋不同，跟这个也有很大关系。

肌纤维的类型大致可分成“快肌纤维”和“慢肌纤维”。但实际上，肌纤维的类型不止这两种，快肌纤维和慢肌纤维又分成很多亚型。

什么叫亚型呢？以快肌纤维为例，快肌纤维里也有“一般快的”“比较快的”和“特别快的”。当然，这之间还有很多复杂的区别。但是我们用来指导训练不需要了解那么多，这里只讲最有用的三种肌纤维类型，这就是Ⅰ型肌纤维、ⅡA型肌纤维和ⅡB型肌纤维。Ⅰ型就是我们俗称的慢肌纤维。Ⅱ型就是快肌纤维，Ⅱ型主要又分成ⅡA型和ⅡB型。

我们以后说到肌纤维，就用Ⅰ型、Ⅱ型来区分，因为如果说慢、快，其实很不准确，而且也没法清楚地区分三种主要类型的肌纤维。

下面来讲讲它们各自的特点。为了大家好理解，我们把这三种肌纤维比作三种不同类型的运动员。

Ⅰ型肌纤维（S型、慢肌纤维）—— 长跑运动员：耐力好，力量较小。

ⅡA型肌纤维（FR型，快肌纤维）—— 400米运动员：有力量，也有耐力。

ⅡB 型肌纤维（FF 型，快肌纤维）——100 米运动员：力量大，耐力差。

这三种肌纤维，以后大家就把它们想象成三种类型的运动员。具体来说，Ⅰ型肌纤维的特点，就是收缩速度慢，力量小，但是耐力好。就像长跑运动员，跑得不很快，跑起来力量较小，但是能跑很长时间。所以，Ⅰ型肌纤维一般用来保持身体的姿态，经常收缩着，但是因为抗疲劳能力好，所以不觉得累。比如我们小腿，比目鱼肌一般负责稳定我们身体走路时的姿态，它需要经常收缩，提供一个相对持续稳定的力，所以小腿比目鱼肌的Ⅰ型肌纤维比较多。而小腿腓肠肌主要用来提供短时的、爆发的、比较大的力量，在跑跳中用得比较多，尤其是在跑跳中改变运动姿态和身体方向，所以这块肌肉里面，Ⅱ型肌纤维一般相对多一点。

具体到不同类型的运动员，肌纤维的构成也有不同的特点。优秀的长跑运动员，腿上的肌肉里面Ⅰ型肌纤维比较多。优秀的短跑运动员，腿上的肌肉里面Ⅱ型肌纤维比较多。这种特点是先天的还是后天训练产生的，目前还说不清，但是更多研究倾向于先天的。

Ⅰ型肌纤维俗称“红肌”，因为颜色比较深，一般呈深红色。Ⅱ型肌纤维颜色浅一些，呈粉色或者粉白色，所以Ⅱ型肌纤维俗称“白肌”。ⅡB 型肌纤维的特点是收缩力量大，收缩速度快，但是不耐疲劳。就像 100 米运动员，力量大跑得快，但是一小会儿就没力气了。而ⅡA 型纤维则介于Ⅰ型和ⅡB 型肌纤维之间，好像 400 米运动员，收缩力量比较大，收缩速度比较快，同时耐力也不错，还不太容易疲劳。

人的肌纤维类型构成，从增肌的角度来说，跟我们肌肉的天赋有关。比如我们在增肌的过程中，肌纤维的数量一般认为是不能增加的。那增肌靠什么，主要靠肌纤维增粗。研究发现，人们通过训练使肌肉增大，其中Ⅰ型肌纤维和Ⅱ型肌纤维都会增粗，但是Ⅱ型肌纤维增粗的比例要更大。所以，先天Ⅱ型肌纤维含量比例较高的人，他们的增肌潜力要比先天Ⅰ型肌纤维含量比例高的人要大得多。所以有的人练了很多年，效果一般，有些人练的时间不长，效果却不错。除了训练、营养等方面的差别之外，先天条件在很大程度上决定了一个人增肌的潜力。而且这种先天条件，远不只是Ⅰ型和Ⅱ型肌纤维比例上的差别，还有肌纤维的数量、肌肉内结缔组织占的比例，以及形态、激素的水平、激素受体的水平等等。所以，一个人练得特别好，不代表他一定就练得特别对。一个人练得不太好，也不代表一定就练得不对，这里面还有先天的因素在起巨大的作用。当然了，如果一个人练了一年多了，还是一点儿训练痕迹都没有，那只能说明他训练和饮食方面可能有很大问题。

那么很多人可能会问，Ⅰ型和Ⅱ型肌纤维能不能相互转化呢？要是能把Ⅰ型肌纤维变成Ⅱ型肌纤维，那不就很容易增肌了吗？但是目前来看，在正常情况下，这两种类型的肌纤维之间没有明显地相互转化，尤其是Ⅰ型变Ⅱ型似乎更难。

1.4 什么是运动单位？

我们接下来主要讲一下肌肉的收缩，首先讲一个非常重要的概念，叫运动单位。

我们知道，肌纤维有很多不同的类型，各种类型的肌纤维同时存在在一块肌肉里面，而且不同类型的肌纤维在肌肉里面是杂乱排列的。打个比方，两把不同颜色的筷子，一把红色一把白色，往地上一扔，搅和几下，然后抓起一把来，这时候里面既有红筷子，也有白筷子，是没有规律杂乱排列的，这就跟我们肌肉里面的肌纤维组成是一样的。红筷子就是Ⅰ型肌纤维，白筷子就是Ⅱ型肌纤维，它们在肌肉里面的排列，就是这样杂乱混搭毫无规律的。

那么肌肉里面的肌纤维收缩，是不是可以单根单根地收缩呢？答案是不可以。不同类型的肌纤维排列虽然没规律，但是收缩的时候很有规律，它们组成一个一个小集体，然后统一听指令，一起收缩。

这就引出了运动单位的概念。运动单位，就是肌纤维的一个小集体。一群一群的肌纤维组成了一个一个的运动单位。

运动单位里的肌纤维数量不一样，有的多有的少。有的运动单位由几十根肌纤维组成，有的却由几千根肌纤维组成。比如控制眼球的肌肉，一个运动单位里面只有二十几根肌纤维，但是臀大肌的一个运动单位里面就有大约 6 000 根肌纤维。

每个运动单位都有两个特点：

1. 每个运动单位里面的肌纤维类型都一样。

组成运动单位的肌纤维，数量不一样，但是类型都一样。要么都是Ⅰ型，要么都是ⅡA 型，要么都是ⅡB 型等等。

2. 每个运动单位里的所有肌纤维，要收缩一起收缩，要放松一起放松。

每个运动单位里都有不同数量的肌纤维，但是每个运动单位里的所有肌纤维，要收缩就一起收缩，而且是用最大的力量收缩，要放松也是一起放松。正常情况下，我们没法控制一个运动单位里的某根肌纤维。

实际上，肌纤维的收缩，本身就遵循“全或无”的原则。要么收缩，要么不收缩。没有 50% 收缩或 70% 收缩这类情况。肌纤维的这种特点，就好比是不能调光的电灯，要么开，要么关，这一点大家要注意。

肌纤维收缩遵循“全或无”的原则，一个运动单位里面的所有肌纤维要收缩也是一起收缩，所以，运动单位的收缩也遵循“全或无”原则，要么完全收缩，要么完全不收缩。

对运动单位的收缩我们是怎么控制的呢？运动单位就是一群类型相同的肌纤维。其实，一个运动单位还包括一个运动神经元。肌纤维要收缩，就是靠这个运动神经元来控制。一个运动神经元控制一个运动单位的收缩。所以，运动单位就是我们肌肉收缩的最小单位。肌肉要收缩，最少也要收缩一个运动单位。

肌肉是肌纤维组成的，肌纤维按照不同的数量组成一个个小集体，就是一个个运动单位。那么我们也可以认为，肌肉就是由很多运动单位组成的，收缩肌肉，就是收缩里面的这些运动单位。但是我们肌肉里的所有运动单位，在肌肉收缩的时候不会全部被激活，每次只能激活其中一部分，让它收缩，产生力量。这叫运动单位的募集。我们募集运动单位的能力越强，在运动中就有更多运动单位参与收缩，肌肉的力量就越大。所以有的人可能肌肉不很大，但是力量却很大。这可能与肌肉活动中激活了更多的运动单位有关。有些人则相反，肌肉大力量小，那么可能是他肌肉里面很多运动单位在运动时没有被激活参与收缩。

下面，我们重点说一下运动单位是怎么被“募集”的，这对我们训练时安排 RM 数、选择训练动作速度，以及安排休息都很重要。

在讲这个话题之前，要先说一下运动单位的类型。我们讲过，肌纤维有不同的类型，而且每个运动单位都是由不同类型的肌纤维构成的，所以，运动单位跟运动单位也不一样，也有不同的类型。

运动单位，就是由一些同样类型的肌纤维加上控制它们的一个运动神经元组成的。每个运动单位里面的肌纤维类型都一样，那么不同类型的运动单位，彼此之间有什么区别呢？主要有以下三点：

1. 不同的运动单位里面的肌纤维数量不一样。运动单位里的肌纤维种类都一样，但是不同的运动单位，里面有不同数量的肌纤维。这就好比不同的国家人口不一样多，大国人口相对多一点，小国人口相对少一点。

在控制眼球运动的眼外直肌里面，一个运动单位里，肌纤维数量只有不到 10 根。但是小腿腓肠肌里面，一个运动单位里肌纤维的数量就能达到 2 000 根左右。

2. 不同运动单位里面肌纤维类型不一样。这个不用赘述，我们早就知道了。

3. 不同运动单位的运动神经元大小不一样，而且神经元传导速度也不一样。我们知道，一个运动单位里所有肌纤维的收缩是由一个运动神经元控制的，这个运动神经元也是运动单位的一部分。不同运动单位里的运动神经元，其实也不一样。第一个不一样就是大小不一样，个头有的大有的小。运动神经元个头的大小有什么影响呢？这个后面会讲到，大家先记住，不同运动单位里面的运动神经元，大小不一样。

另外一个不一样是不同运动单位里的运动神经元的传导速度不一样。这是什么意思呢？我们简单理解，就是不同的运动神经元命令它所控制的运动单位收缩，从开始下达命令，到运动单位收缩，时间长短不一样。有的运动神经元把收缩的命令传递给肌纤维需要20毫秒，有的可能就要50毫秒。当然这么说不是特别严谨，只是为了便于大家理解。

运动单位的这些不同，就把运动单位分成了不同类型。现在我们想一下，如果两个运动单位里面肌纤维的数量一样，但一个是Ⅰ型肌纤维组成的，一个是Ⅱ型肌纤维组成的，那么收缩起来，完成一个动作，谁的力量大呢？很简单，肯定是Ⅱ型肌纤维组成的运动单位收缩力量大，不但大，而且收缩速度快，因为这是Ⅱ型肌纤维的特点。

那么相比来说，Ⅰ型肌纤维组成的运动单位有什么特点呢？那就是虽然收缩力量小，速度慢，但是更抗疲劳，这是Ⅰ型肌纤维的特点。

假如一个运动单位里面肌纤维的数量是1 000根，另外一个运动单位里的数量是10根，那么收缩的时候，肯定是肌纤维数量多的运动单位力量大。控制眼部运动的肌肉里面，运动单位里的肌纤维都很少。所以这些运动单位收缩的力量也很小，这样小的力量，最适合控制我们小小的眼球运动。要是力量非常大，那眼睛一动，眼球可能就飞出去了。小腿腓肠肌就不用考虑这个问题，一般都需要大力量的输出，所以运动单位里面肌纤维的数量就多得多。

因为运动单位的这些不同，所以运动单位就根据不同的收缩力量、收缩速度和抗疲劳程度分出了类别，主要是三类运动单位，快运动单位、慢运动单位、中运动单位。这都是我们为了方便描述，简单起的名字。

下面说说三类运动单位的特点。

快运动单位：都是ⅡB型肌纤维组成的，而且肌纤维数量多，运动神经元个头大，神经传导速度快。所以，快运动单位的收缩特点就是：收缩力量大、速度快，但是不耐疲劳，很快就没力气了。

慢运动单位：都是Ⅰ型肌纤维组成的，肌纤维数最少，运动神经元个头也小，神经传导速度慢。所以，慢运动单位的收缩特点就是：收缩力量小、速度慢，但是很耐疲劳，不容易累。

中运动单位：都是ⅡA型肌纤维组成的，肌纤维数量居中，运动神经元个头中等，神经传导速度较快。所以，中运动单位的收缩特点就是：收缩力量中等、速度较快、比较耐疲劳。

其实运动单位的特征，跟组成这个运动单位的肌纤维的特征基本一致。但是完全一致吗？也不一定，特殊的情况还是有的，所以我们上面的分类很宽泛，很粗略，并非绝对。

第二章　肌肉的收缩

2.1　为什么不能用轻重量增肌？

我们的肌肉是由很多运动单位组成的，在一块肌肉里，不同类型的运动单位都有，主要是快、中、慢三类运动单位。但是大家要注意，运动单位有三类，并不是说每块肌肉里面就只有三种运动单位。比如我们说的快运动单位，也分成最快、特别快、比较快、普通快等等。

一块肌肉里面的运动单位，每一个“快慢”都不一样。所以，一块肌肉里面的运动单位不管有多少，其实都可以排个名次。从最快到最慢，每一个都不一样。比如一块肌肉里面有 100 个运动单位，那么最快的，就是第 1 名，比第 1 稍微慢点的是第 2，然后第 3 名，第 4 名，第 5 名……直到第 100 名。

那么肌肉收缩的时候，是怎么控制这些运动单位的呢？这就是我们要讲的最重点的内容——运动单位募集的大小原则。

大小原则是什么意思？就是一块肌肉里面有好多运动单位，当肌肉需要收缩的时候，这些运动单位不是乱收缩的，而是有顺序的，从慢到快（也可以说从小到大）依次收缩的。比如我们卧推时，胸肌里面的肌肉就是从慢到快依次收缩。卧推一发力，最慢的那个运动单位先收缩，然后第 2 慢的、第 3 慢的，这么依次从慢到快收缩。这时，如果收缩到第 50 慢的运动单位力量就足够了，完全能完成动作了，那么剩下的运动单位就不收缩了。而只有使用很大的重量训练时，才会用到非常快的那些运动单位。所以，我们平时如果用轻重量来训练，那么肌肉当中那些快的、大的运动单位是训练不到的。而且，肌肉里面总有一些运动单位是怎么都不收缩的，处于“休眠”状态。比如一般人肌肉里面，可能有 30% 的运动单位就是休眠的，不管用多大的力量，它们也不会被激活。但是，如果经常进行力量训练，那么我们可利用的运动单位就会增加。比如力量型运动员，他们肌肉里面的运动单位可能能利用 90% 甚至更多一点。

说到激活，这里我们说一下，健身房有种说法叫“肌肉的激活”，是说我们平时身体里某块肌肉用不着，不收缩，现在要训练了，那么先激活然后就可以收缩了。这种说法是错的，并没有哪块肌肉是真的不收缩的。只是肌肉里面的运动单位，注意是运动单位，确实有一些属于“储备”性质，平时轻易不收缩。但是健身房所谓的“激活训练”，也完全不能激活这些储备的运动单位，因为训练使用的重量都很轻，有些甚至是徒手训练。只有长期地做力量训练，这些休眠的运动单位才能慢慢发生变化，被激活，一下两下所谓的激活训练根本不管用。当然，如果说激活训练中的激活是一种形象的说法，只教会你训练动作，让你的神经学会去控制某一群特定的肌肉，那么勉强可以说得通。

我们再重温一下运动单位募集的“大小原则”。一块肌肉里面的运动单位不管有多少个，我们肌肉收缩的时候，这些运动单位都是从小到大依次序募集的。先是最小的一个收缩，然后第 2 小的，然后第 3 小……最终需要收缩多少运动单位，取决于我们肌肉需要多大的收缩力，如果需要的收缩力不足够大的话，那么大的运动单位就不会被募集。

我们也知道，大运动单位都是Ⅱ型肌纤维组成的，更大的都是ⅡB 型肌纤维组成的，我们要想在训练时刺激到这些肌纤维，那么使用的重量一定要足够大。有人说，Ⅱ型肌纤维不是叫“快肌”吗，那如果训练速度很快的话，是不是就可以首先募集到大的运动单位了？目前来看是做不到的。

在绝大多数情况下，大小原则区分的就是运动单位力量的大小，而不是肌肉收缩快慢。“大小原则”不是“快慢原则”。所以，虽然大运动单位也是快收缩的肌肉组成的，但是控制运动单位募集的主要是收缩力量，而不是收缩速度。

当然，大小原则也有极少的例外，比如一些非自主的快速肌肉抽动。而且特别复杂的身体活动，运动单位的募集规律现在还尚不明确。有实验观察到，肱二头肌里面的运动单位募集，跟我们做什么动作就有关系。我们是屈肘还是旋转前臂，运动单位的募集就可能会有差别。也有研究说，股直肌在一些关节位置上也会出现复杂的运动单位募集情况。还有一种情况，就是运动单位募集可能会出现先选择大运动单位，比如超等长收缩的时候，但是这种观点还没有最终明确。

最后，当出现突发情况需要我们调整身体姿态或者改变运动状态的时候，也可能会出现大运动单位跳跃式地募集。比如我们正在走路，正常时腿部肌肉需要输出的力量很小，所以快运动单位都没有被激活。但是假如突然发现前面路上有个坑，我们需要躲避，要马上变换方向或者跳一下，这时候可能腿部相关肌肉的运动单位募集就不那么讲顺序了，大运动单位可能就会跨越级别被优先募集，这是为了更快地为我们提供更大的力量和更快的收缩速度。

但是，我们身体绝大多数的动作，肌肉收缩时都是严格地依据大小原则来募集运动单位的，尤其是我们做力量训练时，稳稳地起稳稳地落的情况下（离心收缩过程会稍微复杂）。

2.2 什么是向心收缩、离心收缩和等长收缩？

我们先说一下肌纤维的转化问题。有没有什么办法，让我们身体先天的肌纤维构成改变一下，比如Ⅱ型变Ⅰ型，Ⅰ型变Ⅱ型呢？总的来说，肌纤维在后天几乎是无法转化的，尤其是Ⅰ型变Ⅱ型被认为更难以实现。但是，有的研究也观察到，长跑运动员腿部的肌纤维类型有变化，Ⅰ型的比例增多，Ⅱ型的比例减少。有人会问，是不是Ⅰ型变Ⅱ型了？实际上，这很可能是长期的大量耐力训练让腿部肌肉里面的Ⅱ型肌纤维出现了萎缩，这样Ⅰ型的比例就变大了。这种现象也被其他一些研究观察到了。所以，这就提示我们，力量训练者不管是增肌训练，还是纯力量训练，都不要（针对具体的肌肉）长期做太多有氧耐力运动，否则有可能出现有氧耐力的运动适应，也就是Ⅱ型肌纤维比例减少，Ⅰ型增多，对力量的输出是非常不利的。而且Ⅱ型肌纤维比例减少也不利于增肌，我们前面也讲过，Ⅱ型肌纤维更容易肥大。

实际上，人体的运动适应能力非常复杂，运动训练导致运动适应，具有很强的特异性。也就是说，你练什么，什么运动能力就变强。这种特异性不仅仅是在有氧训练和力量训练上会造成一些影响，甚至在同属于力量训练的不同训练方法上面也会产生一些影响。比如同样都是力量训练，纯力量训练（举重、力量举）和健美训练之间就有矛盾。如果你是追求纯力量，那就不建议用健美训练的体系经常去训练。因为从肌纤维类型的角度讲，现在基本已经明确，健美体系的训练，会让ⅡB型肌纤维转化成ⅡA型。这样，你的绝对最大力量就要受影响。所以，联系到实践上去，我们练什么，最好就保持一个比较稳定的运动方式，不要练得太杂。有些人说他练力量，还想跑马拉松拿个成绩，会不会有影响？答案是肯定的。

接下来我们讲肌肉收缩的方式——向心收缩、离心收缩、等长收缩和超等长收缩。这是我们平时能用得到的最基本的四种收缩方式。

向心收缩，很简单，就是肌肉缩短产生力量的收缩过程。我们做肱二头肌弯举，提举起来的这个过程，肱二头肌就是向心收缩。大家要注意，向心收缩的实质就是肌肉长度缩短，收缩产生力量。通常在训练的时候，我们举起重物或者拉起重物的过程都是肌肉向心收缩。如果有的同学还是分不清什么是向心收缩，那么可以这样来区分。重物往上走的时候，我们的肌肉做的就是向心收缩。不管我们训练用的是杠铃、哑铃还是联合器械，只要重量往上走，那么我们发力的肌肉群都是向心收缩。但是这里要区分肌肉，我们做一个动作的时候，会有很多肌肉收缩，这些收缩的肌肉在同一时刻做的不一定都是同种类型的收缩。比如我们做肱二头肌弯举动作，肱二头肌向心收缩的时候，肱三头肌拉长收缩，是离心收缩。所以说一种收缩方式，必然是针对某一块特定的肌肉来说的。我们不能说肱二头肌弯举，举起来的时候就是向心收缩，还要看具体哪块肌肉。

离心收缩也很简单，跟向心收缩相反，肌肉拉长，但是收缩产生力量。离心收缩其实就是有控制地把重物放下的过程。离心收缩，重物都是往下走。我们要注意“控制”两个字，必须肌肉收缩产生力，让重物慢慢地放下来，这才是离心收缩，否则就叫扔东西。

等长收缩，就是肌肉收缩产生力量，但是长度不变。我们拉起重物，重物保持不动，我们肌肉使着劲儿，不让它往上也不让它往下，此时就是等长收缩。比如我们做平板支撑，需要发力的肌肉就是等长收缩，因为肌肉发力，但是肌肉长度没有缩短，也没有伸长。

向心、离心、等长这三种收缩方式，我们在复杂的肌肉活动中都是时刻存在的，比如等长收缩，很多人觉得不常见，其实绝大多数肌肉在动作的一开始，都有等长收缩的阶段，这个时候一部分肌纤维发力，但是收缩力还没有大于阻力，没有形成动作。

超等长收缩，就是肌肉先快速拉长，然后快速收缩的动作。

比如在做下落式俯卧撑时，我们的身体向前倒，倒地的时候双手撑住，快速做一个俯卧撑，然后顺势快速发力，把身体撑起来，这就是一个典型的超等长收缩动作。

超等长收缩，就是肌肉迅速被拉长，但不要停顿，再紧接着肌肉迅速收缩。超等长收缩要满足两个条件：一个是肌肉迅速被拉长，缓慢地不行；另一个是肌肉迅速拉长后快速收缩，其实这是一个反射性的收缩，不能停顿。

超等长收缩分为主动和被动两种方式。主动超等长收缩是我们迅速地主动拉长肌肉，然后反射性收缩，比如扩胸运动，做得快了，可能就成了主动的超等长收缩。被动超等长收缩，是我们借助身体的力量把肌肉迅速拉长，然后反射性地收缩。训练的时候，一般使用被动超等长收缩。

超等长收缩训练一般用来训练速度力量，也就是爆发力。对增肌一般没有那么好的效果。

肌肉的训练可以用不同方式来进行。我们常规的训练，主要包括向心和离心收缩。等长收缩也是一种训练方法，我们可以单纯做等长收缩，也可以做纯离心收缩的训练。

用不同的收缩方式训练，训练出来的运动适应效果是不一样的。比如等长收缩训练对等长收缩力的提高效果不错，但是对向心收缩力的提高就不明显。离心收缩训练则对增肌和提高力量有效果。这些方面的内容，都是我们之后要详细去讲的。

我们讲完了四种肌肉的收缩方式，下面以举腿这个动作为例，给大家分析一下其中不同的肌肉收缩方式。这个动作要用到很多处肌肉，但我们主要说的是腹直肌。初始动作的时候，双腿自然下垂，粗略认为腹直肌不收缩。腿往上举的时候，腹直肌先做一个等长收缩，直到收缩力大于阻力，然后，腿和髋向上运动，腹直肌做向心收缩。动作做到极限位置，一般要有一个停顿，这时候又是一个等长收缩。然后放下还原，这时候是一个离心收缩的过程。

再举一个超等长收缩的例子，比如我们做卧推，离心收缩的阶段，动作不那么容易控制，让杠铃迅速下落，胸肌迅速拉长，然后再反弹性地往上推起，这就是卧推的超等长训练。

2.3 为什么宽握练肱二头肌内侧，窄握练外侧？

这一节我们讲一下肌肉收缩的几个特点，这些特点跟我们的训练有很密切的关系。首先说一下肌肉收缩的长度—张力关系。

我们训练的时候都知道，练小腿，坐姿提踵这个动作主要训练比目鱼肌，站姿提踵主要训练腓肠肌。为什么？就是因为肌肉的长度—张力关系。我们练肱二头肌，杠铃弯举宽握的时候，训练重点偏重内侧，窄握的时候，训练重点偏重外侧，原因也是因为肌肉的长度—张力关系。

什么叫肌肉收缩的长度—张力关系呢?

简单说，就是我们的肌肉在不同的长度上，能产生的收缩力不一样大。拿肌纤维来说，在自然长度时，产生的收缩力最大；在缩短或者拉长的状态下，收缩力都会降低。但是这是说肌纤维，如果说整块儿肌肉，那么情况就会复杂一些，因为还有一个肌肉的弹力（被动张力）在里面。但是我们不用考虑那么复杂，只需要考虑肌肉在收缩的时候产生的力量大小就可以了。所以，我们就记住，一块肌肉在它自然的长度下产生的收缩力是最大的。如果在被缩短的状态下，或者在被拉长的状态下，产生的收缩力都会降低。

我们训练的时候也有这样的体会，肌肉往往在收缩的开始和末尾阶段力量都较小，这就是长度—张力关系的体现。当然，因为我们具体的训练动作里面涉及比较复杂的生物力学因素，所以不见得所有的动作都是这样。

下面具体讲一下什么叫肌肉在缩短的状态下和拉长的状态下。以练小腿为例，我们小腿上的肌肉有比目鱼肌和腓肠肌，为什么坐姿的时候，更多的是练比目鱼肌呢?这是因为坐姿的时候，腓肠肌的长度被缩短了，所以腓肠肌发不出最大的力量，力量被限制了，而比目鱼肌则要担任主角，得到更好的发力机会。为什么坐姿的时候，腓肠肌就会被缩短呢?这是因为小腿腓肠肌跨越了两个关节——踝关节和膝关节。这块肌肉是从脚后跟一直连着大腿骨，所以它的功能既可以提踵，也可以让膝关节弯曲。而比目鱼肌只跨越一个关节，就是踝关节，只有提踵的作用。我们想象一下，腓肠肌一头连着大腿骨，一头连着脚后跟，它收缩，能让膝关节弯曲，那么我们膝关节弯曲的时候，腓肠肌的长度是不是会比较短？所以，因为肌肉的长度—张力关系，坐姿的时候，腓肠肌缩短，处于一个不利于它发挥力量的长度，我们这时就只有更多地依靠比目鱼肌来收缩发力，这样比目鱼肌也就被更好地训练到了。

一块肌肉跨越两个关节，如果在一个关节当中已经被缩短的话，那么在另一个关节运动中，它的力量发挥就受到了限制，这种现象习惯上叫主动不足。

同样，肱二头肌有两个头，外侧的叫长头，内侧的叫短头。肱二头肌连接着前臂和肩，它也是跨越两个关节，一个是肘关节，一个是肩关节。肱二头肌的两个头，作用也不太一样。除了都有让肘关节屈起的作用外，长头还有让肩关节外展的作用，短头有让肩关节内收的作用。肩关节外展，就是手臂侧平举向上。肩关节内收，就是手臂往回收，方向和外展正好相反。所以，我们肩关节外展的时候，肱二头肌的长头会缩短，收缩的时候力量减弱，在这个时候做肘关节屈曲的动作，肱二头肌的短头就要多发力，所以能更好地训练肱二头肌的短头。

宽握的肱二头肌杠铃弯举就是一个肩外展下的肘关节屈曲的动作，所以是侧重训练短头。反过来，肩内收的时候，短头长度比较短，不适合发力，长头就成了侧重训练的位置。

我们只需要记住，肌肉处在一个不适合的长度下，收缩力就会下降。训练的时候，可以让不想侧重训练的肌肉处在比较短的状态下，这样就可以侧重训练我们的目标肌肉了。

2.4　肌肉的速度—张力关系

我们再讲一下肌肉收缩的速度—张力关系，大家做一个了解就可以了。

速度—张力关系也很简单。肌肉在向心收缩的阶段，收缩速度越快，收缩力越小；速度越慢，收缩力越大。离心收缩阶段相反，收缩速度越快，收缩力越大，越慢则越小。

肌肉等长收缩的时候，力量比向心收缩的时候要大。因为这时候收缩速度最小，而且一块肌肉的离心收缩力量比向心收缩力大。我们在训练时也会有这种体会，肌肉在离心收缩的阶段能应付很大的重量，有些重量我们拿不起来，但是能放得下。比如我们用塑料袋提着一个苹果，快速地甩来甩去，谁都能做到。但是把苹果换成个大西瓜，再想那么快地甩来甩去就比较难了。这就是肌肉的速度—张力关系。

有人可能会想，我们在训练的时候，哑铃快速甩起来好像比慢慢举起来轻松啊。大家注意，训练时猛然发力，速度快，力量大，这是因为借力的原因，有很多其他肌肉参与了发力。在训练中动作不要太快，如果太快的话，我们就没法使用足够大的重量，当然，这是排除借力，排除“甩”的因素。比如我们做站姿哑铃弯举，速度快一点往往能举起更大的重量，这是因为我们不管有意识还是无意识地都难免借力了。如果我们换牧师椅做弯举呢？速度快了，根本不可能用足够大的重量。当然，也不要速度太慢，速度太慢的话，肌肉容易很快疲劳，这样可能完成不了规定的个数。最理想的速度一般是中速，不快不慢。关于训练速度，之后我们还会详细讲。

第三章 生物能量学基础——运动与能量代谢

3.1 ATP究竟是什么?

这一章我们主要讲肌肉收缩时生物能量代谢方面的基础知识，也就是在不同情况下，肌肉收缩是用什么提供能量的。比如什么情况下用糖，什么情况下用脂肪，蛋白质什么情况下会参与供能，增肌训练使用什么能量物质，纯力量训练使用什么能量物质等等，这些知识对力量训练中营养的安排和补充剂的使用非常重要。

首先我们讲一下ATP。ATP是几乎所有生物细胞活动需要的直接能量来源，肌肉收缩的全过程当然也需要ATP。我们平时说的能量物质，如蛋白质、脂肪、糖类，都能给我们提供能量，但是这个能量不能直接被我们利用，而是要先转化成ATP，然后我们使用ATP来获取能量。

ATP叫三磷酸腺苷。我们怎么理解三磷酸腺苷呢？三磷酸，就是ATP有3个磷酸根，或者叫三分子磷酸基团（Pi）。我们把“腺苷”理解成一个空盒子，磷酸理解成电池，那么ATP

就是一个装了 3 块电池的盒子。这 3 块电池有能量，所以 ATP 带着能量（这么说虽不严谨，但是便于我们理解）。

ATP 在释放能量的时候，就是从盒子里往外扔电池，每扔掉 1 块电池，就释放一次能量。ATP 是三磷酸腺苷，3 块电池扔掉 1 块，释放了一部分能量，剩 2 块电池了，就叫二磷酸腺苷，用 ADP 表示，再扔掉 1 块电池，就是一磷酸腺苷，用 AMP 表示。这个释放的能量，就能被我们肌肉收缩使用。

ATP 扔掉 1 块电池，释放了能量变成 ADP。ADP 有 2 块电池，所以，再给它 1 块电池的话，ADP 还能变回 ATP，这个过程就叫 ATP 的再合成。

在这个过程里面，ADP 需要 1 块电池，这个电池里的能量哪儿来的呢？就是脂肪、糖、蛋白质这些能量物质里面的能量。这些能量转化成 ATP 的过程，就是我们说的 ATP 的再合成。再次说明，这么说并不严谨，但是便于我们理解。

利用能量物质再合成 ATP 的过程时刻都在发生着。因为身体不可能先合成一大堆 ATP 存着，而且体内也储存不了多少 ATP，所以 ATP 都是现用现合成的。也就是说，释放和再合成在我们身体里是一刻不停地循环着进行的，所以我们时刻都需要能量物质。

能量物质合成 ATP 的过程中会出现一个名词叫“磷酸化”，我们有的时候在书上会看到，知道什么意思即可。磷酸化，通俗说就是能量物质变成 ATP 的过程。

磷酸化都有哪几种途径呢？说到这儿我们就很熟悉了，有有氧代谢和无氧代谢两条途径。我们平时老说，利用糖来提供能量，或者利用脂肪提供能量，这个“提供能量”的过程，就是磷酸化的过程，也就是合成 ATP 的过程。用无氧代谢的方式来“充电”，叫“底物水平磷酸化”，用有氧代谢的方式“充电”，叫“氧化磷酸化”。这两个名词我们了解一下就行。

我们接下来就说一说“提供能量”。

3.2 无氧运动和有氧运动的区别到底是什么？

我们总是说无氧运动和有氧运动，到底什么叫无氧运动，什么叫有氧运动呢？

其实，无氧、有氧是说运动时身体用什么方式提供能量。无氧运动就是做这种运动时，身体必须用无氧代谢的方法给运动提供能量。有氧运动就是做这种运动时，身体用有氧代谢的方式提供能量。也就是说，有的运动必须用无氧代谢的方法合成 ATP，这些 ATP 再给运动提供能量，这种运动就叫无氧运动。相反，用有氧代谢的方法合成 ATP，给运动提供能量，那么这种运动就叫有氧运动。

当然，无氧运动和有氧运动不是靠运动本身来区分的。有的人觉得跑步是有氧运动，那可不一定，要看你跑得多快。同样，力量训练也不见得都是无氧运动，要看你使用多大重量。

关于这个问题，我们通过详细讲解无氧运动和有氧运动的区别，大家就能明白了。无氧代谢和有氧代谢，看名字就知道，前者不需要氧气参与，所以叫无氧。后者需要氧气参与，所以叫有氧。我们在进行有氧运动的时候，呼吸会加快，急促，为什么呢？是因为运动需要更多的能量，既然用有氧代谢的方式给运动提供能量，那么就需要更多的氧气。这样我们就必须加快呼吸频率和呼吸深度，多吸入空气。而我们做无氧运动的时候，虽然累，但喘得不如有氧运动厉害，这是因为无氧代谢不需要氧气参与。

有人说，别管运动是有氧无氧，先合成一大堆 ATP 存着，等运动的时候再用不就行了吗？这个做不到。

上一节我们讲了，身体的 ATP 在需要的时候会马上合成，随时合成随时用掉。身体不可能储存足够的 ATP，人身体一天什么都不干，消耗的能量也需要 40 多千克 ATP 水解产生的能量来提供（不用怀疑，这里没有印刷错误），ATP 需要量实在太大，所以不可能先合成好了存着。

我们身体平时只能储存一点点 ATP，储存最多的地方就是肌肉细胞里面，但就算是肌肉里面储存了 ATP，如果全力运动，一秒钟不到就用光了，所以 ATP 必须现用现合成。正因为如此，必须有多种合成 ATP 的方法，有的方法合成速度快，有的方法合成速度慢。当我们身体需要能量需要得急，也就是突然需要大量 ATP 的时候，就需要用合成速度快的方法来合成 ATP。当我们的身体单位时间内需要能量不多的时候，比如平时坐着看电视，一小时也不需要多少能量，这时身体就会用慢的合成方法来合成 ATP，慢慢合成，慢慢供应能量。

跑 100 米和跑马拉松相比，虽然跑马拉松需要的总能量比跑 100 米多得多，但是跑马拉松速度不很快，时间很长，这样单位时间内需要的能量要远低于跑 100 米，所以马拉松就不需要快速合成 ATP，慢慢合成也供应得上。但跑 100 米，就 10 秒左右，需要使用全力，每一秒钟需要的能量都非常大，所以需要想办法快速合成 ATP。

我们前面说了，有氧代谢产生能量需要氧气参与，无氧代谢产生能量不需要氧气参与，那有氧代谢和无氧代谢哪个合成 ATP 更快呢？肯定是无氧代谢产生能量更快，因为有氧代谢需要氧气参与，这就需要先吸入大量空气，然后氧气交换到血液里，血液循环再把氧气输送到需要能量的地方，这就需要时间和过程。无氧代谢不需要氧气，所以就省略了很多步骤。而且，即便不考虑输送氧气的问题，有氧代谢也比无氧代谢慢，因为有氧代谢的生化反应步骤比较多，需要很多个化学反应才能合成 ATP。所以大家就知道了，有氧代谢合成 ATP 慢，无氧代谢合成 ATP 快。因此，有氧运动一般能持续的时间都比较长，单位时间内需要的能量少，比如快步走、慢跑、骑车等等。无氧运动单位时间内需要的能量多，往往持续不了多长时间就累得继续不下去了，比如短跑、力量训练等等。

但是大家注意，我们说有氧运动和无氧运动，其实是大致的分类。因为几乎所有运动都是通过有氧代谢和无氧代谢混合的方式来提供能量的，绝对的纯有氧或者无氧几乎没有。比如慢跑，在一开始的时候氧气供应不上，需要无氧代谢来提供启动的能量。短跑也不是一点有氧代谢也没有，多多少少会有一点。所以我们说的有氧无氧运动，其实是以有氧代谢或者无氧代谢为主的运动方式。比如运动员跑 800 米，有数据表明，其中有氧代谢提供能量占 40%，无氧代谢占 60%。再跑快点，单位时间里面需要的能量就更多了，无氧代谢比例就需要增加，可能无氧占 70%，有氧占 30%。运动强度越大，短时间内需要的能量越多，无氧代谢的比例越大，因为无氧代谢产生能量快。

这也说明，运动时消耗什么，首先是运动强度决定的。而有些观点说，运动先消耗糖，半小时后才开始消耗脂肪，在我们了解了基本理论后知道，这完全没有科学依据。运动时的能量消耗，首先是同时的，没有纯有氧运动或纯无氧运动。至于糖和脂肪具体的比例，则要看运动强度。

所以，很多人问健身理论知识怎么应用？其实就是学会转化理论用来指导实践。当我们理论学习达到了一定的深度和广度，再具备这种转化的能力，那你就非常了不起了。比那些不懂理论，东拼西凑一大堆现成“结论”的人要强得多得多。

3.3 四种能量物质

能给我们提供能量的物质一共有四种，糖、脂肪、蛋白质、磷酸肌酸。其中，无氧代谢主要是磷酸肌酸和糖的无氧酵解供能，有氧代谢主要是脂肪和糖类的有氧氧化供能。也就是说，我们身体里有四种能提供能量的物质，其中，脂肪只能通过有氧代谢的方式来给我们提供能量，糖和蛋白质可以有氧代谢也可以无氧代谢，磷酸肌酸只能通过无氧代谢提供能量。

这四种能量物质都存在于身体的哪些地方呢?

糖可以说是无处不在，但主要的储存地点有两个：一个是肝脏，另一个是肌肉。当然，血液里面永远有一些葡萄糖，就是我们说的血糖，但是量不大。

肝脏和肌肉里面存储的糖是一种大分子，叫糖原。肝脏里的叫肝糖原，肌肉里的叫肌糖原。肝糖原存储不算多，一般就 100 克左右。血糖如果低了，肝糖原分解可以快速地给血糖提供来源，这是肝糖原的主要作用。肌糖原，普通人全身也就 400 ~ 500 克，但是 500 克不是上限，通过正确的方法还可以增加，增加一倍左右也有可能。有数据说，机体储存糖原的上限是每千克体重 15 克。那么一个 70 千克的人，就是 1 千克左右，真正能达到这个程度就非常厉害了。

糖原能提供的能量，基本上可以按照 1 克 /4 千卡来计算。普通人全身 500 克肌糖原的话，也就能提供 2 000 千卡热量，其实还是很少的，具体到运动的肌肉里面就更少。

我们身体里储存的糖，主要来源就是食物里的碳水化合物。增加肌糖原储量的方法，基本的原则就是先消耗，然后超量补充。比如先运动消耗大量肌糖原，然后再高碳水饮食。

肌糖原储量要保证，饮食中就要有足够的碳水化合物。如果碳水不足，那么肌糖原储量也会下降，运动能力就会受影响。比如我们增肌训练的时候，如果肌糖原储量不足，就容易有力不从心的感觉。糖酵解活动不够活跃，乳酸产生的少，那么肌肉泵感往往也没那么强（泵感可能跟肌肉增大有关）。这些表现都是相关的。

我们储存的脂肪主要分布在皮下和内脏。这些地方脂肪的储存基本是无上限的。比如普通人储存十几千克脂肪太正常了，这些脂肪都拿来给运动提供能量的话，可以跑 100 多个小时。所以，人体脂肪储存的能量，在运动时基本可以认为是永远用不完的，没有哪种运动方式能把脂肪全部消耗光。所以过去有些书上的说法很可笑，说运动时先消耗糖，糖消耗光了再消耗脂肪，脂肪消耗光了再消耗蛋白质，这都是不对的。任何时候，这些东西几乎都是同时消耗的，就是比例上有差别。

还有少量脂肪是储存在肌肉细胞里的，大概全身也就 200 克（个体差异很大），所以利用起来也是比较快的。肌内脂肪跟我们的运动能力关系也比较大，有不少研究很值得我们思考，但跟我们增肌关系不大。当然，肌内脂肪提供能量比皮下脂肪快，但毕竟还是脂肪，没法跟肌糖原相比。

我们储存蛋白质的地方主要是肌肉和内脏，运动或者饥饿的时候，这些蛋白质会提供能量。比如我们肝脏，一般认为有 100 克的蛋白质可以用来周转。但是蛋白质不是我们供能物质的主流，所以平时用得很少，每天人的热量消耗，其中只有一点点是蛋白质提供的。运动的时候，如果时间长的话，蛋白质供能的比例会明显增加，甚至能到 10% 左右。

这里重点讲一下磷酸肌酸。磷酸肌酸是什么呢？很多人知道肌酸，这是一种补充剂，喝一点有助于训练。其实，磷酸肌酸就是肌酸带上了一个满电的“小电池”之后的东西。这个小电池，就是磷酸基团。带了小电池，磷酸肌酸就有了能量，所以肌酸本身是没能量的，我们补充肌酸，肌酸进到肌肉里面之后，带上小电池，变成了磷酸肌酸。有了能量，我们训练的时候就能使用了。这就是补充肌酸的主要目的。

磷酸肌酸提供能量的时候，也是把“小电池”扔掉，然后释放能量，这个能量能把 ADP 变成 ATP（这是磷酸肌酸提供能量的主要方式），然后供人体使用。我们可以这么理解，磷酸肌酸释放能量，就是把它的小电池给 ADP，生成一个 ATP。磷酸肌酸释放能量的特点就一个字，快。一步反应就可以合成 ATP，而且不需要氧气，所以磷酸肌酸供能属于无氧代谢。我们紧急需要能量的时候，就要靠磷酸肌酸来提供能量。

什么叫紧急需要能量呢？就是运动强度特别高的时候，比如跑 100 米、举重比赛、很大重量的纯力量训练等等，在短时间内需要巨大的能量。这时候，这些能量最主要的就要靠磷酸肌酸来提供。但是我们都知道，以跑 100 米的速度我们跑不了多久，很快就没劲儿了，因为磷酸肌酸储量有限，所以一般来说，磷酸肌酸供能大约可以持续 6 ~ 8 秒的时间。每个人的磷酸肌酸储量不一样，利用的情况也不同，所以时间肯定也有差别。另外，补充肌酸能提高肌肉里面磷酸肌酸的储量，那么供能时间就可以延长，这也是我们补充肌酸的主要目的。但是不管怎么样，磷酸肌酸能提供能量的时间都比较短，所以我们一般也把磷酸肌酸供能系统叫作“即时供能系统”。

磷酸肌酸扔掉了小电池，没了磷酸，就变成肌酸了。这个肌酸跟 ADP 一样，也能再带上小电池，变成磷酸肌酸。所以，我们身体里的磷酸肌酸变成肌酸后，也可以恢复，这一点跟 ADP 是一样的，也是个不断循环的过程。但是一般来说，肌酸恢复成磷酸肌酸需要3分钟或者更久的时间。所以我们跑一次100米，磷酸肌酸基本就用光了，需要至少3～5分钟，运动能力才会恢复。在纯力量训练中，组间间隔的时间都比较长，就是因为需要磷酸肌酸基本恢复才能进行下一组训练。

磷酸肌酸供能是一种无氧供能的方式，还有一种无氧供能方式是无氧糖酵解。无氧糖酵解，详细说很复杂，简单来说，就是葡萄糖或者肌糖原变成乳酸来提供能量的过程。这个过程虽然速度也比较快，而且不需要氧气，但是比磷酸肌酸提供能量的速度要慢得多。所以，无氧糖酵解一般维持30秒～60秒，最多2分钟就继续不下去了。原因跟磷酸肌酸不一样，磷酸肌酸供能只能维持几秒钟是因为磷酸肌酸储量不足，但无氧糖酵解是因为在这个过程中产生了太多乳酸，肌肉里面pH值下降，这个反应需要的酶不能继续保持活性了。

我们平时做增肌训练，每一组的时间差不多就是无氧糖酵解提供能量的时间，所以增肌训练其实主要的能量来源就是糖类的无氧酵解。当然，磷酸肌酸也要使用，这跟使用多大负荷有关系。所以我们补充肌酸，对增肌训练也有好处。另外也有一些研究认为，肌酸的补充本身就能刺激肌肉的蛋白质合成。

3.4 运动中糖和脂肪的利用

我们具体说一下身体里的糖和脂肪是怎么被利用的。

我们的身体有无氧和有氧两种能量代谢途径，通过无氧代谢来给肌肉提供能量的方法有两种，一是磷酸肌酸合成 ATP，二是无氧糖酵解合成 ATP。它们的原料，一个是磷酸肌酸，一个是糖，这个糖可以是葡萄糖，也可以是储存在肌肉里的肌糖原。

有氧代谢主要的原料就是糖和脂肪。当然，蛋白质也可以有氧氧化，但是我们这里不作为主要的内容去讲。需要注意的是，糖能无氧代谢供能，也能有氧代谢供能，但是脂肪只能有氧氧化，不能无氧代谢。

我们先说糖的有氧氧化。糖的有氧氧化跟无氧代谢相比，特点是提供能量慢一点，但是提供的能量要多很多，而且这个过程很“干净”。

糖无氧酵解提供能量快，但是能合成的 ATP 很少。我们可以粗略地理解为糖的无氧酵解是糖提供能量一开始的阶段，这时候，糖能迅速提供一些能量，但是其中的能量没有完全释放。而无氧酵解之后，糖还可以继续释放能量，这个过程就需要氧气的参与了。

那么这个“干净”怎么理解呢？糖无氧酵解最后会产生乳酸，乳酸毕竟不属于一种很“干净”的东西，有一定的“毒性”。但是糖有氧氧化最后产生的是二氧化碳和水，对机体来说很干净。所以，如果不考虑磷酸肌酸的话，当运动强度高的时候，能量需要得急，就需要糖无氧代谢为主来提供能量，比如400米、800米或健美式训练。而当运动强度不高时，能量需要得慢，那么可以通过糖的有氧氧化来提供能量，比如长跑。平时不运动的时候，我们身体也会消耗一些糖，主要也是靠糖类有氧氧化提供能量，效率高，对身体来说还干净。

脂肪只能有氧氧化，提供能量速度最慢。所以低强度运动和平时不运动的时候，我们主要靠脂肪氧化提供能量，这个比例会很大。但是，再次强调，比例大不代表绝对值大，所以不能说低强度运动或者不运动最减肥。

我们总结一下。能量物质提供能量的速度从最快到最慢依次是：磷酸肌酸、无氧糖酵解、糖有氧氧化、脂肪有氧氧化。所以，运动强度从高到低，使用的主要供能方式也对应着这个顺序，比如：纯力量训练（磷酸肌酸）、健美训练（无氧糖酵解）、马拉松部分阶段（糖有氧氧化）、快走、慢跑、不运动（脂肪有氧氧化）。

当然，这都是粗略地来说，目的是让大家更容易理解。

运动时间也跟能量物质的提供有关，比如跑马拉松，前半段可能以糖的有氧氧化提供能量为主，但是糖类储存有限，等糖用完了，脂肪就成了挑大梁的能量物质，比例就上来了。同样，中等或以上强度的运动时间足够长，蛋白质的供能比例也会提高。所以我一般不建议增肌训练者做太长时间的有一定强度的有氧运动，掉肌肉会比较厉害。

一般来说，增肌训练者做有氧运动，要么就是低强度，比如快走、慢跑这类，主要是由脂肪提供能量，糖类消耗不多，掉肌肉也少，这样就不太需要在乎时间。快走三四个小时，只要你受得了，问题不太大。要么就是高强度运动，时间短一点，比如高强度间歇训练，一次十几二十分钟，时间就不要再长了。比较忌讳的是长时间中等或以上强度的运动，这类运动建议一次不要超过半小时。

3.5　脂肪的分布和为什么不能局部减肥?

总有人问，我想只减肥不减胸行不行，我想增肥但不胖脸行不行？这涉及脂肪的分布和利用的问题。

我们先说一下脂肪的分布特点。

我们通常很关注脂肪的多少，其实脂肪的分布也很重要。有些人说，我上身很瘦，就是肚子大，不好看。还有人是下肢比较胖，想要瘦腿。有些人说脂肪容易往不活动的地方堆积，之所以屁股那么胖，是因为老坐着，脂肪就堆积在了屁股上。实际上这种说法很可笑。从经验上来说，有些女性如果一段时间老坐着，屁股就容易变大，要是经常站着，经常活动，屁股就小了。难道你没发现，经常活动的话，肚子也小了，脸可能也小了。

之所以会出现这种情况，不是因为坐着脂肪就往屁股上堆积，而是因为久坐使人发胖，女性一胖了脂肪就容易堆积到臀部，所以屁股上肉就多了。改变久坐的习惯，多活动，脂肪被消耗了，人瘦了，屁股自然就小了。

那么脂肪的分布为什么会呈现这种特点呢？人的脂肪往哪儿长是有自己的规律的。这个规律首先跟遗传有关系，另外还受到种族、性别等因素的影响。

从种族方面讲，相同的 BMI（身体质量指数），中国人和高加索人，通俗地说也就是黄种人和白种人相比，黄种人的体脂率一般比较高，也就是 BMI 一样的话，我们的肥肉更多一些，而且中国人躯干脂肪含量更高一些，也就是说，中国人更有中心性肥胖的特点。其实亚洲人普遍都有这种体脂分布的特点。

从性别上说，男性脂肪的分布特点是中心性肥胖，大肚子，内脏脂肪比较多，而且颈背、上臂、三角肌、表面也是男性脂肪分布较多的位置。而女性多下肢肥胖，脂肪更多地堆积在臀部和股部，也就是屁股和大腿上。一般认为这跟激素有关系，因为女性在闭经后，会逐渐呈现出一些男性的脂肪分布特点。

女性这种脂肪分布特点要比男性健康。一般来说，中心性肥胖，或者叫躯干肥胖，跟各种高发的慢性病关系更大。下肢肥胖就好得多。而且还有一些研究认为，女性这种臀股部位的脂肪不但对健康相对无害，而且更有益，甚至可以改善胰岛素抵抗、脂肪代谢障碍和缺血性心脏病等问题。很多女孩子说自己上身不胖但是下肢胖，很苦恼，其实换一种思路，最起码这样可能对健康相对有好处。

在减肥的时候，脂肪的减少是全身一起减，要瘦全身一起瘦。只不过相对来说，一般规律是躯干部位的脂肪更容易瘦，瘦的比例更大，下肢脂肪就瘦得相对慢一点。通常认为女性不但臀股部脂肪比较多，而且往往比较顽固，不好减，实际上对男性来说也是这样，这是一个普遍的规律。

所以，先胖哪儿，先瘦哪儿，都不是我们自己能决定的，更不是哪儿不动弹脂肪就往哪儿跑。很多人问，怎么能挑着地方胖，挑着地方瘦啊，这个目前是做不到的。虽然有个别研究表示有一些办法，但是目前这些研究还非常不成熟。

3.6 脂肪是怎么被燃烧掉的?

这一节，我们具体讲一下脂肪是怎么被燃烧掉的。脂肪燃烧主要分成三步：

第一步：脂肪水解。

燃烧脂肪是燃烧脂肪里面的脂肪酸，而我们的脂肪主要是以甘油三酯的形式储存的，所以身体要燃烧脂肪，就要先把甘油三酯分解成甘油和脂肪酸，再被我们身体利用。这是第一步，叫脂肪水解，或者叫脂肪分解。

水解就是一种东西和水融合，变成另外一些东西。甘油三酯水解也需要水，1 个甘油三酯加上 3 个水，变成 1 个甘油和 3 个脂肪酸。正因为脂肪水解需要水，所以有些人说运动时千万不能喝水，一喝水就不燃烧脂肪了，这当然是不对的。脂肪燃烧不能少了水，不过一般我们体内的水还不至于不够脂肪水解使用的，但是至少运动时可以喝水，也应该喝水，对燃烧脂肪没有任何坏处。而脂肪水解出来的甘油最后被运输到肝脏，通过一种叫糖异生的过程变成葡萄糖，被我们利用。甘油不是糖异生中的主要原料，糖异生的主要原料是某些氨基酸。这个过程其实就是把我们身体里的蛋白质变成葡萄糖。

你可能听说过“丢肌肉”这种说法，其实就是身体里的肌肉蛋白质被利用的超过了合成的，出现了净减少。肌肉蛋白质分解成氨基酸，一部分变成糖，成为“丢肌肉”的主要原因。

这里要注意，脂肪燃烧的第一步是脂肪分解，所以脂肪分解不等于脂肪燃烧。很多人把脂肪分解当成了脂肪燃烧，这是因为对“分解”这个词产生的误导。脂肪分解只是做好了让脂肪去燃烧的准备。

现在有一些减肥药说是可以促进脂肪分解，很多人就以为能减肥。实际上，促进脂肪分解只是减肥的第一步，不一定能达到减肥的目的。这类药一般属于 β2 受体激动剂，比如很多人熟悉的克伦特罗（也就是通常所说的瘦肉精），就属于这类东西。

如果脂肪分解变成甘油和脂肪酸后没有燃烧的话，这些东西去哪儿了呢？还会变回甘油三酯。这个过程叫脂肪酸的酯化。我们的脂肪组织里，甘油三酯无时无刻不在分解，也无时无刻不在重新酯化，这个叫甘油三酯—脂肪酸的循环。也就是说，人的脂肪分解能力很强，但往往是分解出来了，身体用不了那么多，最后又重新变回了脂肪。

一般来说，安静状态时，脂肪分解出来的脂肪酸只有 30% 被利用、燃烧，70% 都重新酯化成了脂肪。运动的时候，需要的脂肪比较多，那么脂肪分解后，多数脂肪酸用来燃烧，但也有少数会重新酯化成脂肪。

第二步：脂肪酸运输。

脂肪燃烧的第二步是把分解出来的脂肪酸运走，运到肌肉组织里才能氧化燃烧。当然，甘油也要运走，运到肝脏糖异生。

运输肯定要靠血液循环。脂肪分解后的脂肪酸进入血液后就变成了“游离脂肪酸”，但因为脂肪酸水溶性不好，所以在血液里运输就要“搭车”，这个车就是白蛋白。白蛋白就是脂肪酸在血液里的载体，脂肪酸跟白蛋白结合，能增加水溶性，方便在血液中运输。

一般来说，血液中的白蛋白不会成为限制脂肪酸运输的因素，但是如果营养不良，血液中的白蛋白过少，就会限制脂肪酸的运输，不利于脂肪的利用。当然这种情况比较少见。但是，血液对游离脂肪酸的运载能力也是有限的，不是分解了多少脂肪，血液就能运输多少。

身体为什么不允许血液里有太多游离脂肪酸呢？我们大家要建立一个概念，脂肪这东西是有毒的，叫脂毒性。脂毒性一般认为跟很多慢性病有关，这里我们不做讨论。脂肪不管是在某些细胞里（当然除了脂肪细胞），还是在血液里，都不能太多，否则会对细胞和血管等产生损伤。如果游离脂肪酸在血液里浓度太大的话，由于它溶解性差，会在血液中形成微胶粒，损伤细胞膜，或者增加血小板黏性引起血栓等等。所以，血液运输脂肪的能力是有上限的。如果超过了这个限度，即便脂肪分解了，也运不出去，最后会重新在细胞里酯化成甘油三酯。

那么怎么增加血液对脂肪的运输能力呢？一个就是增加血量，血液多一些，那相对就能多运输一些脂肪酸。这就要求我们喝够水，运动的时候千万不能不喝水。另外，规律的有氧运动也能明显增加血量。所以，运动对减肥的意义是多方面的。脂肪组织中血流量增加，运输脂肪酸的能力也要强一些，但这方面我们能做的很有限。

第三步：脂肪酸进入线粒体。

血液把脂肪酸运输到肌肉组织里，从白蛋白上“下车”以后，脂肪酸还要进入到肌肉细胞的线粒体里面，才能最终氧化燃烧。

先分解，然后运输，再进入线粒体，脂肪酸才能最终被人体利用，真正燃烧掉。

第四章　我该怎么练——人体的运动适应（上）

4.1　为什么有的人肌肉围度小但力量大？

这一章我们开始讲力量训练的运动适应。什么叫运动适应呢？简单说就是我们运动后身体的变化。对于增肌者来说，这一章就是讲该怎么做增肌训练才会引起最大化的肌肉增长的身体适应。

运动对身体来说是一种刺激，我们以前坐着不动，现在经常跑步，那么身体就会发生变化。身体会通过改变来适应现在跑步的需求，提高跑步的能力，而不再是只适合坐着。

所有运动持续一段时间后，身体都会产生适应。比如有氧运动一段时间，身体就会出现有氧运动适应，包括肌纤维类型比例（Ⅱ型肌纤维可能减少，导致Ⅰ型Ⅱ型比例上的变化）或者功能（Ⅱ型肌纤维更多呈现Ⅰ型肌纤维的功能，有氧代谢能力提高，酵解能力降低）的改变、肌肉毛细血管密度增加、线粒体体积增大及数量增多、有氧氧化酶活性增强等等，总之，有氧运动能力增强。

力量训练也会出现力量训练后的运动适应，其中最直观的变化，也是我们最喜欢的变化，就是肌肉增大、力量增强。增肌也好，提高力量也罢，训练都是一种刺激的手段，我们要追求的，就是训练产生的这种运动适应。所以，我们就要知道，怎样做力量训练才能得到这些我们想要的运动适应。

在讲运动适应之前，先讲一下跟肌肉力量有关的两个重要因素：一个是肌肉的横截面积，一个是肌肉活动的神经控制。

肌肉大的人一定就力量大吗？这不一定。有些人肌肉大但力量不是很大，有些人则相反，肌肉看着不是很大，但力量很大。这说明肌肉的力量不仅仅取决于肌肉的大小。

当然，我们能产生力量，肌肉始终是基础，毕竟力量是肌肉收缩产生的，所以肌肉的横截面积越大，力量就会越大。我们为什么讨论的是肌肉横截面积，而不是肌肉体积呢？前面讲过，肌肉的收缩是靠肌纤维收缩，肌纤维是肌原纤维平行排列组成的，而肌原纤维是肌小节串联组成的。肌纤维收缩的时候，里面的每一个串联的肌小节都同时收缩。因为肌小节是串联的，首尾相连，同时收缩的时候，彼此之间的收缩力会相互抵消，所以，一串儿肌小节收缩的力量，其实只等于一个肌小节收缩的力量。所以，如果肌肉只是纵向变长，串联肌小节的数量增加，那么不管增加多少，肌肉力量都是不会变的。对于一条肌纤维来讲，既有肌小节的串联关系，又有肌小节的并联关系。只有并联肌小节增加，就是肌肉横向发展，变粗，横截面积增大的时候，肌肉的收缩力量才会增加。

所以，衡量肌肉收缩力量，一般要看肌肉的横截面积，而不是肌肉体积。如果肌肉仅仅是变长（比如长时间拉伸后），体积也会变大，但力量不会增长。

当然，有很多肌肉是羽状肌，所以这些肌肉的收缩力量会更复杂，这个“横截面积”的定义也更复杂，这里不讲太深，意义不大。

虽然肌肉横截面积大，肌肉的力量理论上也会更大，但是如果在这些横截面积里有很多肌纤维不收缩，那么肌肉的最大力量也发挥不出来，又或者其中的很多肌纤维不能同步收缩，也是不行的。这就好比你有一支拔河队，里面有 10 个人，拔河的时候只有 5 个人使劲儿，另外 5 个人无动于衷，那这个队的实力也不会强。还有一种情况，10 个人都使劲儿，但是没控制好使劲儿的时机，不能同时发力，有的早有的晚，那队伍的实力也不会很强。

那么肌纤维收缩不收缩，能不能同时收缩，由什么控制呢？都是神经来控制的，所以肌肉的神经控制因素跟肌肉力量也有很大关系。

能让有限的肌肉力量增大的神经控制因素，主要有以下几个方面：

1. 运动单位的募集

肌肉是由很多运动单位组成的，肌肉收缩的时候，绝大多数情况下，运动单位会根据“大小原则”依次募集。但是我们肌肉里面的所有运动单位在肌肉收缩的时候，即便是用最大力量收缩，也不会全部被募集，一般总会有一部分运动单位就是不激活，这部分“轻易不会被激活”的运动单位，我们给它起个名字，叫闲置运动单位。

毫无疑问，肌肉里面运动单位的募集能力越强，肌肉力量的输出也会越大。普通人不做力量训练，那么肌肉当中的闲置运动单位就会比较多。规律有效地进行力量训练，这部分闲置运动单位的比例就会明显降低，更多运动单位就能活跃起来。力量训练越充分，越有效，闲置运动单位的比例就越小。这就是通过神经控制起的作用。

2. 运动单位的同步募集

前面已经讲过，肌肉里面的运动单位是由不同的运动神经元控制的，一个神经元控制一定数量的肌纤维。运动神经元被激活，它所控制的所有肌纤维就会全部收缩产生力量。但是运动神经元毕竟都是“各自为政”，有的运动神经元大，有的运动神经元小，有的跟自己控制的肌纤维离得近，有的离得远，所以众多运动单位在被募集的时候，一般都不能很好地同步募集，有的早一点有的晚一点。这就好像拔河比赛，大家只有一起用力力量才大。所以，运动单位的同步募集能力越强，肌肉的收缩力就越大。这种能力强不强也是神经控制说了算。

3. 运动单位的编码频率

一个运动单位收缩，本身也有力量大小的问题。单收缩，力量就小，达到强直收缩，力量就大。运动单位编码频率增强，也有利于肌肉发挥更大的收缩力，这也是神经控制说了算。

4. 神经自发抑制

肌肉收缩不是力量越大就越好，如果一块肌肉收缩时力量太大，那么肌腱可能会承受不住被拉断，或者骨骼承受不了发生骨折。所以我们肌肉里面有一些东西监控着肌肉收缩的力量，进行必要的调节。如果肌肉收缩力量太大，这些监控器就会“告诉”神经，让它注意点，降低收缩力。

这种监控肌肉收缩力量的东西，主要是高尔基腱器官，肌肉收缩力量如果太大，高尔基腱器官就会被激活，抑制运动神经元，让肌肉收缩力量下降。所以，我们如果能让高尔基腱器官不那么敏感，“睁一只眼闭一只眼”，就能够减少这种肌肉力量的自发抑制，那么也能提高肌肉收缩力，这也是要通过神经控制来实现的。

5. 主动肌、协同肌、拮抗肌之间的配合

我们可以简单理解成这是肌肉的协调能力或发力技巧的提

高方式。先说一下什么叫主动肌、协同肌和拮抗肌。主动肌就是完成一个动作的主要收缩肌肉。以屈肘为例，主动肌就是肱二头肌，做这个动作的时候，主要靠它的收缩来产生力量。而协同肌就是肱肌、肱桡肌，这两块肌肉也会参与收缩，帮着肱二头肌一起发力。协同，就是帮忙的。拮抗肌就是跟主动肌产生反方向力的肌肉。这个动作里面，主动肌是肱二头肌，拮抗肌是肱三头肌。肱二头肌的作用是屈肘，肱三头肌的作用是伸肘，这两块肌肉互为拮抗肌，相互之间产生反方向的运动。所以，如果肱二头肌收缩的时候，肱三头肌也跟着使劲儿收缩，那么肱三头肌收缩的力量就会抵消一部分肱二头肌产生的收缩力，这样做屈肘动作的时候，发挥的力量就会受限制。

因此，在做动作的时候，尽可能地减少拮抗肌的同步收缩，可以提高动作的力量。这种“协调”能力，或者说技巧，也是神经控制起的作用。

再举一个更简单的例子。我们学一种以前不会的舞蹈动作，初学者容易在做动作的时候身体僵硬，该使劲儿的地方使不上劲儿，不该使劲儿的地方跟着一起使劲儿，这就是主动肌和拮抗肌配合不好的表现。经过一段时间的训练，主动肌和拮抗肌配合得好了，动作就顺畅了，身体该放松的地方放松，该有力量的地方有力量了。

当然，拮抗肌的同步收缩也不是没好处，反而是非常必要的，不然我们的身体也不会这样设计。拮抗肌同步收缩，主要的作用是稳定关节，防止肌肉快速剧烈收缩时关节受到伤害。

拮抗肌同步收缩还有一个作用是协调完成动作。我们平时可能不会注意，当你手臂自然下垂时，没办法单独绷紧肱二头肌。肱二头肌一发力绷紧，肱三头肌就跟着也绷紧了。只有我们肘关节完全屈曲的时候，或者手顶着一个什么东西，让肘关节没法弯曲的时候，才可以基本上绷紧肱二头肌，放松肱三头肌。原因就是，如果我们肱二头肌绷紧收缩，那么就会让肘关节弯曲，但我们又希望前臂自然下垂，不做屈的动作，所以肱三头肌就要同步收缩，阻止肘关节弯曲。但如果我们让肘关节完全屈曲，或者用手顶着一个东西，让肘关节干脆没办法做屈曲的动作，那么肱三头肌就不需要同步收缩了。

我们身上的其他肌肉也会出现类似的情况，比如自然状态下你不可能只绷紧胸肌，而让背肌完全放松。这就是神经控制因素影响肌肉力量的五个主要方面。当然，还有其他的复杂因素我们这里就不讲了。

有的人肌肉大，但是神经控制能力差，那么力量也不会很大。有的人相反，肌肉虽然不很大，但是神经控制能力强，所以力量就比较大。

力量训练会让身体产生两种适应，一种是肌肉本身的适应，就是肌肉增大。另外一种是神经控制方面的适应，就是通过上面五个方面来实现的，比如力量训练能让“闲置运动单位”的比例减少，增加运动单位的募集程度。力量训练也能通过让运动神经元彼此相互连接，提高运动单位的同步募集能力。力量训练还能提高运动单位的编码频率，提高运动单位的收缩力量。同时，力量训练也能减少高尔基腱器官对肌肉收缩产生的自发抑制，可能会提高高尔基腱器官的激活阈值，也就是要在更大的收缩力量时高尔基腱器官才会被激活。最后，力量训练也能提高肌肉之间的协调配合能力，提高协同肌的协同收缩能力，降低拮抗肌的同步收缩程度，提高动作的力量。

4.2　练肌肉，是先长围度，还是先长力量？

力量训练能够让肌肉力量增加，产生运动适应，不但能让肌肉横截面积增大，还会让肌肉的神经控制能力更强。但是这两者在肌肉力量的整体提高过程中是一个什么顺序呢？

一般来说，我们刚开始做力量训练的时候，力量的提高主要是神经控制适应的结果，继续训练，力量进一步提高，才开始肌肉横截面积的增大。具体表现为，一个人做力量训练的时候，开始力量长得快，肌肉长得少，后来肌肉增长明显，力量长得就没那么快了。这是因为通过神经控制的适应来提高力量，成本要低很多。这有点像我们买了个电脑，性能有点差了，我们能升级软件提高性能，也能升级硬件，换个 CPU，或者换个显卡来提高性能，但是我们一般会先考虑升级软件，成本一般都比升级硬件低。等到升级软件没办法进一步提高电脑性能了，再花高成本升级硬件。肌肉也是一样，能通过建立几个新的神经链接来提高力量，何必让肌纤维增粗那么费劲呢？只有当神经控制已经没办法时，身体才开始主要靠增粗肌纤维，也就是靠增肌来提高力量。所以，力量训练有个特点，先长力量后长肌肉，当然，这个先后不是截然两分的先后，不是说一开始肌肉一点都不长，后来力量一点都不长，而是一个比例大小的问题。

新手练力量，要经历这样一个“先后”阶段。就算是老手，换新动作，也会经历这样一个“先后”阶段。因此动作不要换得太勤，因为一个新动作要经过神经控制的“学习期”，才能过渡到肌肉明显增大的阶段。频繁换动作，可能会错过肌肉开始明显增大的阶段。

多长时间换一个动作呢？这也没有个明确的结论。一般来说，肌肉对于新的刺激，总要经历 6 ~ 8 周的神经控制学习阶段，然后开始肌肉明显增大的阶段，这样的话，建议至少要 3 ~ 5 个月换一次动作比较好。但换动作的时间也应该根据动作的不同来区分，比如多关节的复合动作，因为动作比较复杂，参与的肌肉比较多，所以神经控制适应过程可能会比较长。而单关节的简单动作就可能比较短。所以，越是复杂的动作，越不要太频繁地换动作，可以练到力量明显不增长，同时肌肉体积增长也出现平台期之后再考虑换动作。

当然，这是说以增肌为目的的训练，对以增强绝对力量为目的，但不希望明显增肌的训练，比如举重（举重运动员不希望体重太高），就要尽量让身体处在神经控制的适应阶段，而不要进入明显的增肌期。这样的话，举重运动员如果发现肌肉开始明显增大，力量增长开始放缓了，一般就要提高训练负荷（举更重的重量）或者提高训练动作速度（有研究认为，较快的动作速度产生更多的神经控制适应）。

另外，绝对力量训练的组间休息时间也很重要。很多研究认为，疲劳会降低肌肉的神经功能，让神经控制产生力量的因素降低。所以组间休息时间必须足够长，这样才能更多更好地调动和训练肌肉的神经控制因素，通过提高神经功能提高力量。

4.3 “练神经”，特别有意思

力量训练的神经控制适应还有一些有意思的现象。比如所谓的“双侧缺陷”。拿上肢来说，有的时候左右两侧手臂做动作的力量加起来，会比双手做动作的合力大。以肱二头肌弯举为例，假设左右手 1 RM 都是 20 千克，但是双手弯举 1 RM 可能只能举 35 千克（RM 就是我们用一个重量做一个动作能重复多少次。比如用 60 千克做卧推，做了 15 次就没力气了，那么 60 千克就是你目前卧推 15 RM 的重量）。

双侧缺陷在很多人身上都能看到，但是如果我们经常用双手同时发力，那么双侧缺陷就会被纠正，有时双侧肢体的合力还会大于左右单侧肢体的力量之和。

还有所谓的“交叉训练”，只练左手，右手的力量也会提高（但是肌肉体积不会增大）。也就是说，我们训练一侧肢体，另外一侧肢体的“神经控制”也会受到训练，提高另外一侧肢体的力量。交叉训练一般用在单侧肢体受伤的康复过程中，左臂不能动了，就训练一下右臂，可以让左臂的力量退化得慢一点，甚至不退化。

还有一个跟力量训练神经适应有关的重要知识点我们需要了解，那就是运动方式的特殊性适应。

什么叫运动方式的特殊性适应呢？简单说，就是你怎么练，身体就怎么适应。有一个经典的研究，如果用深蹲练腿部力量，深蹲的 1 RM 力量会提高很明显，但是膝关节伸展的等长收缩力提高却很不明显。也就是说，练深蹲，深蹲力量提高很明显，但腿部的等长力量提高却不明显。如果用等长收缩的方式练某一块肌肉的力量，那么这块肌肉的等长收缩力会明显提高，但动态收缩力量提高可能就一般。甚至，用某个动作训练一块肌肉，只能明显提高做这个动作时的肌肉收缩力量，换个动作，力量提高就不那么明显了。以一个新手练卧推为例，假如 8 ~ 12 周力量提高了 100%，但是夹胸的力量可能只提高了 20% ~ 30%（这个数据是打比方，不是真实数据）。如果想提高夹胸的力量，还需要用夹胸的动作来训练。

当然，这一般是针对短期训练而言，如果持续训练，肌肉量会明显增多，那么使这块肌肉收缩的所有动作的力量必定还是会明显增大。但是，增大的幅度始终不如一直训练的动作增大幅度大。也就是说，我们身体的力量训练适应是非常有针对性的，练什么，就能提高什么，相关的运动能力也可能有提高，但是效果往往一般，尤其是在训练的前期，也就是神经控制适应阶段。

之所以说肌肉的力量训练适应有趣，是因为神经控制肌肉收缩非常复杂。比如，同一块肌肉做不同的动作时，肌肉的运动单位募集情况不一样。有研究发现，肱二头肌在做屈肘动作和前臂外旋动作时，肱二头肌长头的运动单位募集特点就不一样。

过去也有很多研究发现，运动单位募集的“大小原则”有例外，比如快速离心收缩的时候，相对向心收缩和等长收缩，大的运动单位会出现优先被动员的现象。还有做屈肘动作时，在等长收缩时，肱肌更容易被优先激活，而做动力性收缩的时候，肱二头肌容易被优先激活。

这些复杂的情况，都是神经控制因素的特点导致的，所以我们在训练当中，不管是增肌训练，还是纯力量训练，运用好这些规律都非常重要。

4.4 人体的肌纤维会增多吗？

我们接下来了解一下肌肉本身力量训练的适应情况，也就是我们做力量训练，肌肉本身会发生什么样的变化和适应。

肌肉的变化最主要的就是肌肉横截面积的增加，也就是肌肉增大，这个是我们看得见摸得着的。但其实在这个过程中，肌肉里面微观的生理和生化环境也会有变化，比如激素受体的浓度、各种酶的活性等等。

肌肉的增大，过去被叫作肌浆肥大和肌节肥大，现在更多地被叫作暂时性肌肥大和长期性肌肥大。所谓肌浆肥大，就是肌肉细胞外一些不具有收缩发力性的物质的体积增大，比如一些细胞液。有时训练后，肌肉会出现水肿，这与肌肉拉伤可能有关，呈现明显的膨胀状态。当然这种膨胀几天后就会消退。肌节肥大就是实打实的肌纤维增粗了，这一般是要训练一段时间才能出现的肌肉适应。

但是有人说，中等重量会引起肌浆肥大，超大重量才能让肌节肥大，健美训练练出来的肌肉都是假的，里面都是水分，这么说就不对了。健美训练其实更有利于肌肉本身的肥大，目前来看,追求肌肉肥大的超大重量的纯力量训练法反倒不适合。

说到这里有人可能会问，肌肉的增大会不会出现肌纤维数量的增多呢？目前看来，肌肉增大主要是肌纤维的增粗引起的，肌纤维数量的明显增加仍然被认为几乎是不可能的。说肌纤维数量可以增加的研究实验主要是针对动物的，尤其是针对猫、鸡、鹤的实验，通过给实验动物的肌肉增加负荷，出现力量增大且肌纤维数量增加的现象。

有些研究也观察到，当人们进行力量训练后，肌纤维的数量增加了，但是这种现象暂不确定，主流的观点仍然认为人体肌纤维的数量是天生的,力量训练不能让肌纤维数量明显增加。就算肌纤维数量可以增加，在肌肉增大里面所占的比例可能也只是很小的一部分。还有一些观点认为，只有负荷非常高的力量训练，才可能让肌纤维数量增加。

毕竟肌肉细胞是没法分裂增殖的，那么肌纤维数量如果能增加，是怎么增加的呢？这里介绍一种细胞叫“卫星细胞”。卫星细胞，我们简单理解，就是肌肉细胞的“干细胞”，平时处于休眠状态，在一些刺激下被激活，发育成肌纤维。卫星细胞也能修复受损的肌纤维，所以一般认为卫星细胞会被肌肉损伤所激活。训练（尤其是离心收缩）导致肌肉损伤，卫星细胞能活化增生，修复损伤的肌纤维，或者发育成新的肌纤维，替代“死掉”的肌纤维。

总之，现在主流的观点仍然认为，人类的肌纤维数量会增加证据不足，肌肉增大主要是肌纤维增粗导致的。但力量训练怎么引起肌纤维的增粗尚不能说清，激素的因素、张力刺激的因素、肌肉蛋白质合成代谢平衡的因素等等，各种说法都有。

总的来说，力量训练后的 24 ～ 48 小时（甚至更长）内，可以观察到肌肉蛋白质合成的增加（伴随或不伴随蛋白质分解的减少）。这种蛋白质合成的增加大约在开始训练后的 8 周之后比较明显，因为一开始主要是神经控制的因素引起肌肉力量的增大。而且肌肉的增大还有一些有意思的特征，比如肌肉增大也不是均匀的，一开始肌腹部分增大会比肌肉两端增大明显一些。当然，力量训练导致肌肉增大，其中主要是Ⅱ型肌纤维的增大，Ⅰ型肌纤维虽然也有增大，但是比例上要小于Ⅱ型肌纤维。

4.5 为什么说离心收缩是力量训练的灵魂?

我们怎么练才能让肌肉最大限度地增大，怎么练才能让我们最大限度地增大力量呢?

首先讲一下下面几个训练元素，然后根据增肌和纯力量训练的要求进行元素的安排。

1. 肌肉收缩方式（离心、向心）

2. 训练负荷（RM 数）

3. 每组个数（主要判断是否力竭）

4. 组数

5. 组间休息时间

6. 动作速度

7. 训练频率（每块肌肉每周练几次）

8. 其他

离心收缩对肌肉增大非常关键，很多研究甚至发现，可以没有向心收缩，但不能没有离心收缩。离心收缩对力量的提高更关键，所以纯力量训练也应该重视离心训练。但是重视归重视，一般不建议纯力量训练者做专门的离心训练，因为纯力量训练使用的负荷本身就很大，再做专门的离心训练，风险实在太大，所以我们这里主要讲增肌和离心训练的关系。

很多研究发现，单纯比较离心收缩和向心收缩，从对增肌和肌肉力量增大的效果上看，离心收缩要比向心收缩有效。快速离心收缩时，肌肉似乎更容易优先招募大运动单位，这对训练效果可能更有好处。注意这里说的是快速离心收缩，并且确实有一些研究发现，快速离心收缩对肌肉增大和力量增大的效果要好于慢速离心收缩。

所以，离心收缩的速度也很重要。有些人强调离心收缩，往往只想到慢速离心收缩，离心收缩的时候速度很慢，使劲儿地想把离心做得很充分，其实不一定是对的。因为这里存在一种误解，认为离心收缩的时间越长越好，可以把离心收缩做得很“到位”。实际上这样做效果可能适得其反。

曾经有学生反映，在做离心收缩的时候，如果收得快，放得很慢，那么肌肉很快就疲劳了，以前能用大重量，现在只能用小重量了。其实这就是错误地理解了离心收缩的使用。

离心收缩，首先必须控制住动作，是“放”，不能“扔”，动作不能太快。但是，动作太慢也不行。肌肉收缩还涉及速度—疲劳关系，速度太慢，持续收缩的时间就长，那么肌肉的疲劳程度也就越高。所以，离心收缩要控制住，但是也不能太慢，要在尽可能快的情况下控制重物。

传统的训练都是强调“慢下”，但“快下”可能更好，也的确有一些研究支持“快下”。更重要的是，其中的“对”与“错”，其实都是讲一个可能性，一种趋势。在增肌或者力量训练方面，目前没有唯一正确的方法，如果说抱着任何一种观点不放（不管是传统的还是新式的），都等于同时拒绝了更多的可能更好的方法和理念，这样做本身就不是一个开放的、海纳百川的态度。

我们讲过肌肉的速度—张力关系，所以我们知道，肌肉离心收缩的时候，力量要比向心收缩时大。比如做弯举动作时，向心收缩时能够举起20千克的哑铃，离心收缩的时候，可能能放下25千克，甚至30千克的哑铃。如果我们用包含向心和离心收缩的传统训练方法来训练，那么训练当中我们向心收缩的负荷能满足了，但离心收缩就满足不了，重量就显得轻了。虽然这样的训练方法有一定效果，但是效果可能不是100%的。

理想的训练是，向心收缩时阻力合适，离心收缩时阻力要增加。目前也有这样的专门训练器械，通过机械设计，在离心收缩的时候增加阻力。但是这类器械市面上还比较少。

当然，自由重量时，这种阻力的改变就会变得很难，不过也有办法。比如，有的动作可以通过改变阻力臂的长度来改变负荷。当作哑铃侧平举时，向心收缩时肘部弯曲程度大一些，这样可以举起更大的重量。离心收缩的时候，胳膊稍微打开，伸直一些，这时候负荷就上去了。

在这里，我们一般有两种方法来进行离心训练：

1. 通过自己或者训练伙伴的辅助，增加离心训练阶段的阻力。比如使用比平时大一些的重量，向心收缩过程中通过同伴辅助完成动作，离心收缩时自己完成。

2. 使用纯离心训练，放弃向心过程，完全由辅助者完成。注意，这种训练方法适合有足够训练经验的训练者。

所以，不管是增加肌肉体积还是增加肌肉力量，我们都需要知道：

1. 离心收缩的地位要比向心收缩的高。

2. 离心收缩的速度可适当提高，但必须保持是离心收缩（不是不收缩，泻力），肌肉一定要控制住重物。

3. 离心收缩的肌肉力量要远大于向心收缩，所以纯离心收缩训练应该提高负荷。

4. 离心收缩受伤风险明显高于向心收缩，所以必须在可以保证安全的前提下进行离心收缩训练。初学者不建议单独使用离心收缩训练。

4.6 最顽固的荒谬观点——轻重量增肌

这一节我们讲一讲训练负荷的问题。训练负荷，就是用多大重量去训练，这是我们最熟悉，也跟训练最直接相关的因素。

总的来说，不管是力量增大还是肌肉增大，主流的观点核心就是“大重量”三个字。各种各样所谓的轻重量训练，实际上都是没有被主流观点接纳的，最多属于仍待证实的训练方式。这里说的主流是主流学术界的观点，而不是民间的主流观点。

民间还有一种观点，练不同的位置需要不同的重量，即特殊肌肉特殊训练，从主流的研究观点来看也是毫无依据的。

增肌或者是增大力量时用多大重量去训练，跟个人训练水平有关。也就是说，初学者用一个负荷，进阶或者高级训练者要用另外一个负荷。

如果你希望最大幅度提高肌肉力量：

对于初学者，使用45% ~ 50% 1 RM负荷的训练就可以明显提升肌肉力量。

对于进阶—高阶训练者，需要使用85% ~ 100% 1 RM的负荷才能有效提高肌肉力量，一般就是1 RM ~ 6 RM的负荷。

估测自己1 RM的重量，基本方法就是多次试举，逐渐增加重量（注意，前期较轻的重量不建议力竭）。以卧推为例，具体方法为：

1. 先热身，使用大概15 RM的重量，完成10次左右的动作。

2. 休息2分钟。

3. 增加重量，增加到8 RM左右，完成3 ~ 5次动作。

4. 休息2 ~ 4分钟。

5. 增加5% ~ 10%的负荷，完成1次动作。

6. 休息2 ~ 4分钟。

7. 多次重复5、6两个步骤，直到无法再完成1次动作，那么之前使用的重量就大概是自己1 RM的重量。

注意，初学者不建议用这种方法估算自己1RM的重量，意义不大，风险却大。进阶或以上训练者可以估算，但是也要注意安全。

如果你希望最大化增肌：

初学者可使用65% ~ 80% 1 RM的负荷，大概是8 RM ~ 12 RM训练就可以了。

进阶者到高级训练者可使用约70% ~ 100% 1 RM的负荷，大概1 RM ~ 10 RM来训练。需要注意的是，建议使用周期训练，多数时候用6 RM ~ 10 RM，少数时用1 RM ~ 6 RM。

第五章　我该怎么练——人体的运动适应（下）

5.1　每组的个数和训练组数

前面说了肌肉的收缩方式和训练负荷两个训练要素，我们接下来说说每组个数、组数等训练要素。

1. 个数

即每组的个数。RM 有了，个数其实就有了，这里要强调的就是要不要力竭的问题。

一般来说，在健美训练中，以增肌为目的训练都强调要力竭，因为力竭会造成更多的代谢产物堆积（直观的感觉就是产生更强的肌肉泵感）。肌肉收缩时的代谢产物，比如乳酸等在肌肉里堆积的越多，越会刺激分泌更多合成代谢的激素，比如生长激素，它对增肌是有帮助的。等我们讲到激素的时候，还会详细讲这方面的内容。

这里简单介绍一下“血液阻断训练”，或者叫“加压训练”。这种训练方式，就是用压脉带把胳膊或者腿上的近心端扎上，限制胳膊或腿部的静脉血流量。简单说，加压训练就是把胳膊或腿勒上，让血流量减少，所以也叫血液阻断训练。这样训练被认为可以用轻的负荷获得明显的增肌效果，不需要再用高负荷了。

一项研究发现，两组受试者都用 50% 1 RM 的负荷训练上臂，30% 1 RM 的负荷训练下肢，每周两次。持续 10 周后，加压训练组上臂肌肉横截面积增加明显超过正常训练组。腿部肌肉横截面积，正常训练组没变化，加压训练组增加了 4% ~ 6%。肌肉力量加压训练组增加了 9% ~ 16%，正常训练组只增加了 2% ~ 10%。

看起来好像加压训练特别有效，低负荷的训练也能达到不错的增肌（伴随或不伴随力量明显增大）效果。而且这方面的研究也不少，似乎这个结论占大多数。当然，也有一些相反结论的研究，认为加压训练的增肌效果不如高负荷训练。如果说加压训练确实更好，那么其作用的机制可能与乳酸等代谢产物有关。阻止血流量，增加代谢产物的堆积，可以刺激生长激素等合成代谢激素释放。

早期还有研究发现，一次加压训练后，可监测到血浆里的生长激素提高大约 290 倍。但是这种早期的研究结论后来没有得到进一步支持和验证。

之后的研究更多地认为，加压训练刺激肌肉肥大的原因在于细胞膨胀。我们以前也讲过，肌肉细胞充盈膨胀，可以刺激细胞内在容量传感器，促进蛋白质合成，抑制蛋白质分解。加压训练的效果可能与此有关。还有研究认为，加压训练造成的细胞缺氧能够促进慢肌纤维向快肌纤维转换（此观点有待证实）。

加压训练的机制目前还不能明确，当然，它的效果最终如何，是不是能够全面超越传统的高负荷力量训练，也尚待明确。但是加压训练可能能够用小负荷达到不错的训练效果，这样训练风险要低得多，比较适合运动康复、老年人、航天员，或者是赛前担心出现运动伤害的运动员使用。

我不建议大家盲目使用这种方法，目前这种方法还在探索阶段，本身存在一些风险。比如长时间限制静脉血流可能造成血栓或者组织缺血坏死。所以，加压训练究竟用什么器材、给多大压力、持续多长时间，同时应该监控哪些健康反应，这些都有待系统化研究，最终需要给出一套非常安全和成熟的训练方案，由专门受过训练的人员来操作。

就训练次数来说，健美训练力竭可能更好，甚至超力竭也可以考虑。纯力量训练一般不建议力竭，稍微留有余地更好。

对于纯力量训练来说，力竭的坏处是肌肉更明显的疲劳，这样会降低肌肉力量的发挥。而纯力量训练就是要求用最大的力量去训练，所以要求肌肉在能够良好发挥力量的状态下进行训练。

2. 组数

组数就是一个动作每次训练几组。

关于组数，学术界一直有“一组还是多组”的争论，也就是说，有的研究发现，每个动作训练一组跟训练多组，在效果上似乎没有明显的差别。

综合大量研究来看，对于没有经过训练的人来说，一组和多组都有用，很难说清哪种更好。但是对于进阶和高级训练者来说，还是多组效果会更好。所以，针对纯力量训练和增肌训练者，关于组数的主流建议通常都是一样的：初学者每个动作1 ~ 3组，进阶或高阶训练者每个动作3 ~ 6组。

5.2 组间休息时间

两组之间休息多长时间合适，传统观点认为，以增肌为目的的训练，组间休息时间30 ~ 90秒；以纯力量训练为目的的训练，组间休息2 ~ 5分钟。

不管是这两种训练中的哪一种，这个时间都是为了使疲劳的肌肉得到恢复。力量训练因为强度大,所以只能是一组一组来，其实也是一种间歇训练。组间安排休息，就是为了下一组能够继续完成训练。

健美训练组间休息时间短，是因为健美训练使用的训练负荷相对低一些，主要靠肌糖原酵解提供能量，30 ~ 60 秒的组间休息时间就是为了恢复肌肉内糖酵解的能力。

肌肉内糖酵解的主要限制因素是肌肉细胞内 pH 值的降低。无氧代谢产生大量的乳酸堆积，降低了肌肉细胞内的 pH 值，这样会抑制磷酸果糖激酶的活性，糖酵解活动就进行不下去了。我们自己的感受，就是一个动作重复多少次之后，肌肉就又酸又灼，没力气了，所以我们要等一等，等肌肉内的 pH 值恢复，然后继续下一组，这个时间，一般 30 ~ 90 秒就够了。但是纯力量训练主要靠磷酸肌酸供能，磷酸肌酸完全恢复的时间比较长，大概要三五分钟，所以纯力量训练要休息足够长的时间，等待最大力量基本恢复。

当然，增肌训练短间歇可能更好，组间休息时间越短，乳酸堆积得越厉害，肌肉泵感越强，肌肉细胞膨胀得越厉害，越有可能抑制肌肉蛋白质的分解，促进肌肉蛋白质的合成。

所以，纯力量训练组间休息时间要长一点，增肌训练可以短一点，看自己的肌肉疲劳恢复能力（其实就是抗乳酸的能力）。但是，不建议为了短间歇牺牲训练负荷，因为训练负荷始终是最重要的。也就是说，不要因为缩短休息时间而使下一组举不起足够的重量，或者减少太多完成的次数。

我们在讲训练负荷的时候也提到，高阶训练者如果想要增肌，建议在基础负荷里面穿插超高负荷，比如 1 RM ~ 6 RM 的负荷，那么在这种超高负荷的训练时，就需要把组间休息时间延长。所以建议如下：

增肌训练者：初学者组间休息 30 ～ 90 秒；进阶和高阶训练者在超高负荷训练时，组间休息时间 2 ～ 3 分钟；普通负荷训练时，组间休息 30 ～ 60 秒，也可以酌情缩短。

纯力量训练者：组间休息时间 2 ～ 5 分钟（初学者训练负荷小，时间可以短一点，比如 2 分钟左右，高阶训练者负荷，时间可以长一点，比如 4 ～ 5 分钟）。

5.3 动作速度和训练频率

动作速度，通俗地讲就是我们做动作的时候做得多快，是快速、中速还是慢速。

我们从纯力量训练和增肌的角度分别来讲一下。

从纯力量训练的角度讲，主流的观点建议，中速是比较有利于肌肉力量增强的速度。中速大概就是每秒钟关节角度 180 ～ 240 度的速度（关节角度就是关节活动的角度）。肱二头肌弯举时基本可以认为是一个 180 度的活动。肱二头肌弯举，用 1 秒钟或者不到 1 秒的时间完成向心收缩就属于中速的收缩速度。

从增长纯力量的角度来说，中速适合大多数训练等级的人。如果细分的话，一般新手建议慢速和中速，都能明显地增加肌肉力量，当然中速可能更好。中阶训练者，建议用中速。高阶训练者，建议从中速适当过渡到快速。

有一些研究认为，适当快速地收缩，对于增长力量来说可能效果更好，因为快速收缩能更大程度地刺激神经控制因素的适应，提高力量。我们做纯力量训练，很大程度上就是为了这一点。需要强调的是，在讲肌肉收缩的速度—力量关系时我们知道，在向心收缩部分，快速收缩的时候，肌肉收缩力量会降低。所以，高阶训练者应该从中速适当过渡到高速，提高动作速度，而不是越快越好。动作速度太快，力量就下去了，这个快速是相对的快速，是在保证负荷的情况下，用自己能做到的相对最大速度来完成动作。这种“保证负荷的情况下的快速”，需要训练者在练习的过程中用心体会。

相反，比较忌讳的是刻意的慢速。虽然刻意的慢速对于提高肌肉无氧耐力有好处，但对于提高最大力量似乎一点好处都没有（除新手之外）。

肌肉本身有个速度—疲劳关系，速度一慢疲劳程度自然就提高了，那么就很难同时完成规定的负荷和个数。

所以，增长纯力量时建议：

新手：慢速或中速；

中阶：中速（180 ~ 240 度 / 秒）；

高阶：中速到适当快速。

我们再说增肌。主流观点建议，新手到中阶训练者，都是慢速到中速。高阶训练者的速度不固定，要根据负荷、每组的次数来决定动作速度。最好的速度认为是中速。

有些研究认为，快速收缩对于增肌来说效果并不好。我们前面也提到，这类观点倾向于认为“快速收缩练神经，中速收缩练肌肉”。这种观点虽然可以算是主流观点，但仍需要更多深入的研究。

怎么根据负荷和每组的次数来决定动作速度呢？在满足负荷的大前提下，在满足重复次数的小前提下，高阶训练者可以适当地提高训练时的动作速度。目前只能给出这样一种比较宽泛的建议。

因此，增肌的话，收缩速度建议还是“慢—中”为中心，适当的人群适当快。但需要注意：

第一，慢为中心，但特别慢不好。有一种训练叫“超慢训练”，超慢使肌肉总是收缩着，这样可能代谢产物的堆积会比较明显。但是目前来看，说这种方法好还缺乏证据。倒是相反观点的证据不少，所以不建议动作太慢。

第二，慢—中的速度是针对向心收缩，离心收缩过程要适当提高速度。我们之前也说过，快速离心可能增肌效果会更好。所以我以前倡导过“慢上快下”是有一定推广价值的。当然，慢上快下是绝对好吗？当然不是。绝对的好方法，绝对的正确方法，现在还没出现。但是有一种特别不好的训练理念，就是“快上慢下”。我在健身房就见过，有人卧推的时候推杠都能把杠铃扔出去，接着开始旷日持久的离心收缩。我都快练完一组了，那边离心收缩还在缓慢地进行。夸张到近似于滑稽，这样并不好。

下面我们再说一下训练频率，也就是一周练几次。关于这个问题，目前没有特别统一的看法。原因在于训练频率是一个高度个人化的东西，每个人的肌肉恢复速度都不一样，有的人能多练，有的人练多了就容易过度训练。而且，训练的频率还跟训练量的安排有关，所以，这个问题没有一个特别好的答案。最好的方法是根据自己的情况来摸索和安排。

训练频率方面，纯力量和增肌建议差不多。如果一定要给的话，一般建议：

新手到中阶训练者，建议每周 2 ~ 3 次的全身训练。当然，对于单独的任何一块肌肉来说也一样，每周训练 2 ~ 3 次。

高阶训练者，每周 2 ~ 3 次仍然是中心，在把握这个中心的前提下，能适当提高频率可能会更好。其实最多也就每周 3 次，再提高也不太现实。这方面也有不少研究，都发现对于高阶训练者来说，每周 3 次比 1 ~ 2 次效果好。但是这也区别于训练的部位。总的来说，躯干部位的肌肉，每周 2 次就可以，四肢的话，每周 3 次比较好。

每天训练 2 次也是用来提高训练频率的方法。有的人受得了，有的人受不了。所以，总的原则是，必须在保证不过度训练的前提下，考虑提高训练频率。而且，训练频率的安排也要综合考虑其他训练要素。

5.4 其他训练要素

我们先说一下训练者的分类。有人问怎么定义初学者、中阶训练者、高阶训练者，其实这没有明确的标准。一般来说，初学者就是没练过的，可以很懂理论，但是身体没有经历过力量训练。没训练过，身体的潜力就还保留着，未被开发。初学者一般来说是潜力最大的，不管是力量增长还是肌肉增大。练得越久，获得训练适应的潜力越小，最后直到完全的平台期为止。

中阶训练者一般是系统训练过至少 6 ~ 8 个月，肌肉本身和肌肉力量都已经明显有一些增长的人。训练时间和训练效果这两者一般必须都具备，但是训练效果可能更重要。比如有的人练了半年，但是肌肉没什么变化，力量也没怎么增大，那么这种情况，他可能还算是个初学者，身体没有出现明显的训练适应，似乎说明他的潜力还没有开始“被发展”。

高阶训练者，一般是系统训练一年以上，肌肉力量和肌肉围度都有了相当程度的提高。同样，更重要的指标可能还是训练适应的程度。有的人可能练了两年，肌肉力量和围度提高也不是特别明显，那么可能还只能算中阶训练者。

有人会问，训练一年后，肌肉力量到底增加多少算合理。这方面的数据很不统一，其中一个原因是测试肌肉力量的方法不一样，动力性力量和等长收缩力，往往提高会不同，而且差距很大。比如一个新手，最早做哑铃侧平举，单手 4 千克，成为高阶训练者后，单手可以平举 15 千克，这样算是提高了将近 400% 了。但是等长收缩力，一般很少见到提高超过 100% 的。这也表现出了力量训练适应的特殊针对性，我们以前也讲过，练什么就提高什么。如果用动力性动作训练，那等长收缩力提高就有限。

我们再说说单关节动作和多关节动作的安排。

单关节动作和多关节动作相比，一般认为，从安全性上，多关节动作风险更大，单关节动作更安全。因为多关节动作更复杂，使用的重量更大。这种说法对是对，但有点教条。对于纯力量训练来说可能是这样的，但是对于健美式训练，甚至负荷更低的力量训练（比如减肥者，我可能建议 20 RM ～ 25 RM），多关节动作在安全性上也有优势。在不使用特别大的重量的前提下，因为多关节动作参与的肌肉比较多，关节稳定性相对还更好。单关节动作往往把很大的张力孤立于一块肌肉和相关的肌腱上，有时候危险性并不低。所以，安全性方面没有绝对哪种更安全，还是看具体情况。

多关节动作因为使用的肌肉量更大，一般认为对合成代谢激素的刺激作用更大，容易刺激更多的睾酮、生长激素等分泌，所以可能对增肌更有好处。而且，多关节动作因为动作复杂，涉及的肌肉比较多，所以神经适应阶段会比较长，肌肉集中增大的时间就要长一些。但是单关节动作能更好地孤立目标肌群，锻炼到你想锻炼的那块肌肉。也就是我们之前讲过的，力量训练是“先长力，后增肌”。

单关节动作从神经适应为主的阶段过渡到肌肉增大为主的阶段时间比较短，而多关节动作时间会长一些。所以，多关节动作换新动作的话，时间间隔要更长才可以。具体到训练，主流的建议是单、多关节动作都要有，先做多关节动作，再做单关节动作，不可偏废其一。对于高阶训练者来说，更多地应该突出多关节动作大重量、强刺激的作用。对于纯力量训练、爆发力训练者，多关节动作的作用是不可替代的。

但是也有例外。在健美式的训练中，所谓“预先疲劳法”，有时候就是先单关节训练，再多关节训练。比如练胸，先飞再推，让胸肌预先疲劳，追求肌肉更高的疲劳程度，疲劳代表更多的代谢产物，代表对肌肉更大的破坏，可能是更有利于增肌的。但是过度疲劳，以至于使训练负荷明显降低，这就得不偿失了。所以，训练负荷始终是重心，在这个基础上，可以适度地追求疲劳。

不过，纯力量训练则是要尽可能避免疲劳，要让肌肉在每一组训练时都在很好的状态下，都能举起很大的重量，这样才能更好地刺激神经的适应。

曾经有人问我，在以增肌为目的的一节课里，两个肌肉部位交替练，一个部位一组怎么样？比如练胸和腿，胸一组腿一组。这种方法可能不是很好，这就相当于把组间休息时间大大地拉长了，违背了学术界给增肌训练制定的组间休息时间。

当然，这样可以让肌肉的疲劳更好地恢复，对于提高负荷是有好处的，但是这就有点像纯力量训练了。目前看，还是不建议增肌这么练。

还有些人喜欢把拮抗肌放在一起练，胸、背一起，肱二头肌、肱三头肌一起等等。确实有研究认为，拮抗肌训练之后再练主动肌（当然，这两者是相对的，互为拮抗肌），主动肌的收缩力量会提高。这可能与拮抗肌的疲劳导致对主动肌的负力减少有关。

这样看，似乎超级组、预先疲劳法，也都有合理的地方。那么是不是所谓的“韦德训练法”都是很靠谱的？其实也不能这么说。有很多训练方法，或者说“风格”，属于流行训练法，有些是有一定理论依据的（但是不一定有明确的直接的实验证据），有些从理论上都讲不通。所以对于各种各样很花哨的方法，我们在兼容并包的态度下，始终要把握住学术界最基本的建议，把握住可以循证的东西。其余的，我们不妨持一个宽容的态度。

5.5 爆发力的训练方法

爆发力也叫速度力量，属于力量训练的范畴。爆发力，要的是在短时间内发挥出最大的力量。

肌肉力量训练的基本原则是用超大重量、大重量训练大力量；肌肉肥大训练的基本原则是用中等重量，让肌肉获得较大的负荷和较强的疲劳；肌耐力训练的基本原则是使用小重量，多次数，让肌肉尽可能疲劳。

而爆发力训练的基本原则是用超大重量提高最大力量，同时配合小重量高速度的训练来提高速度。所以，爆发力的训练是两套系统。

我们可以这样理解，爆发力，就是在最短的时间里，让肌肉发挥出最大的力量。那么最大力量的提高，肯定是有助于爆发力的提高的。如果一个人的最大力量是 200 千克（这里就用千克做单位了，比较好理解），发挥最大力量要 500 毫秒。另一个人发挥最大力量要快得多，只需要 250 毫秒，但是他最大的力量只有 50 千克，那显然，虽然第二个人发挥力量的速度要快得多，但是最大力量太小，爆发力还是小。所以，爆发力的训练包括最大力量的训练，这部分方法跟纯力量训练是一样的。另外一部分，就是用轻重量，比如 30% ~ 40% 1 RM，最快速度完成动作。

爆发力训练还有一个很重要的方式，就是超等长收缩，也叫弹振式训练。有些研究认为，弹振式训练对提高最大力量有一定帮助。比如负重蹲跳训练可以提高深蹲的 1 RM 重量。所以，这不仅仅是一个爆发力训练的方式，纯力量训练者也可以考虑去使用。不过，因为超等长训练风险比较高，操作也比较复杂，所以我们这里只是简单介绍。

我们再说一下训练量。简单理解就是训练的时候一共举了多少重量。计算的话，用使用的重量 × 每组的次数 × 组数。比如用 100 千克，每组 8 次，共 6 组，那么训练量就是 4 200 千克。

训练量主要是用来衡量训练“有多狠”，量太大的直接后果就是过度训练。因为我们的神经系统、内分泌系统，还有肌肉本身，对训练量都很敏感。训练量大了，这些系统都受不了。

力量训练中，训练负荷越大，越容易引起过度训练（这种过度训练偏重神经和内分泌方面），所以，大负荷的训练，比如纯力量训练，一般训练量就不能太大。但是反过来，增肌训练一般要求训练量大一点，因为增肌训练比较追求疲劳，从而对内分泌和代谢产生足够的刺激。从训练量的角度讲，纯力量训练一般追求中等训练量，少而精，不能练得太多。增肌训练一般要求高训练量，在不引起过度训练的前提下产生足够的疲劳。

这是训练量安排的基本原则。我们再说一下训练结构。训练结构的意思就是在多组训练中怎么安排每组的负荷和个数。简单说，升金字塔、降金字塔就属于训练结构。

我们最常用的训练结构是固定负荷的，比如 4 组，每组都是 8 RM ～ 10 RM，重复 8 ～ 10 次。主流的力量训练建议一般也都是固定负荷的。负荷渐增的，就是所谓的升金字塔。反过来，负荷越来越小，就是降金字塔。这三种训练结构没有优劣之分，但是也各有优势和不足。

三种训练都能够提高最大力量，也能起到增肌作用。固定负荷因为负荷不变，所以一般用周期训练的方式来调整负荷。以增肌为例，多数时候中等负荷，偶尔搭配高负荷训练。

升金字塔，第一组负荷小，然后逐渐增加，到了最后最大负荷的时候，肌肉疲劳程度比较大，很可能不能完成自己最大的负荷，这样对力量的增长是有影响的。所以，在纯力量训练中，虽然很多人都在使用升金字塔，但不一定是最好的方式。

反过来说，降金字塔，在第一组肌肉最有力量的时候完成最大的负荷，那么对于纯力量训练理论上说可能效果更好。但是降金字塔的缺点是安全性低，上来就是最大负荷，可能有运动伤害的风险。

还有混合式的训练结构，比如一组高负荷一组低负荷。总的来说，没有哪种是最好的方法。

我们在评价各种训练结构的时候，还是要根据增肌、纯力量、肌耐力等不同训练的要求来看。容易疲劳的，负荷较低的，对纯力量来说就不是最好的，而是适合增肌和提高肌耐力。能够照顾最大负荷的，足够的时间能够让肌肉完全恢复力量，那么就更适合纯力量训练。

所以，把握住各种力量训练的根本原则是最重要的。这样在复杂的训练方法中才不会乱了头绪，以不变应万变。

5.6 半程收缩和全程收缩，哪一个更好?

半程收缩，也叫部分收缩，实际上叫部分收缩更准确，因为它不一定完全是半程，也可以是任何一个关节角度的范围。比如有些动作具有黏滞区，那么部分收缩的训练就可以专门训练这个区间，有助于提高黏滞区的力量。

部分收缩的训练适应有很强的特异性，也就是练习哪个动作角度区间，哪个动作角度区间的力量就会明显增加。但是一般来说，部分收缩的训练也可以增加完整动作的力量。所以有一种训练理念，就是绕开动作的黏滞区，用更大的重量训练剩下的动作角度区间，这样的话可以使用更大的负荷，提高完整动作的力量。

部分收缩和完整收缩到底哪个更好呢？有些研究发现，两者相比，训练的效果相差并不大。比如一项研究显示，三组被试者分别做部分收缩卧推、完整卧推、两者结合，结果发现，三组被试者 1 RM 卧推力量的增大程度类似，没有哪个更好。

关于黏滞区，也能找到一点普遍规律。推的动作，一般肌肉力量是递增的，力量越来越大。比如卧推，黏滞区就在杠杆离开胸部的那几到十几厘米，往后就容易了。拉的动作相反，肌肉力量是递减的，开始力量大，后来力量越来越小，比如高位下拉。

所以我们训练时，可以尝试使用部分收缩，用更大的负荷完成力量较大的动作区间，这样至少不比完整训练效果差，而且如果负荷能增加很多，或许还有额外的好处。

下面再说说可变阻力训练。

我们知道，在做一个训练动作的过程中，肌肉的力量是不一样大的。这一方面跟肌肉的长度—张力关系有关，另外也跟骨关节杠杆有关，这是运动生物力学的问题。比如我们做卧推，刚推起来时，杠杆距离胸部几厘米到十几厘米那个区间，力量最小，最吃力，也就是我们说的黏滞区。那么如果照顾黏滞区的力量，之后的动作区间其实力量就不足了。所以可变阻力的训练是一种更好的方法，这样在我们力量小的区间，阻力也小一点。力量大的区间，阻力也加大。

有些训练器材，本身是可变阻力的，通过一些凸轮，让器械的阻力臂长短发生改变，这样就改变了做动作时器械的阻力。但是自由重量的时候，这样做就比较困难了。

当然，方法之一是找人协助。比如在力量小的区间，让别人帮一下。或者有些动作，自己也可以辅助，比如哑铃集中弯举。还有些动作，稍微得借点力，这都属于自己辅助的方法。

还有一些不错的小技巧，很多人也在用，比如锁链训练。有人说，看到有的人做深蹲的时候，杠铃两边挂两条链子，这是干什么用的呢？其实就是自己做了一个可变阻力的训练器。深蹲蹲下去的时候，两边的链子会垂到地上，这样链子的重量就变轻了，相当于在这个动作区间减少了阻力。蹲起的越高，链子越多悬在空中，所以阻力也就越大。一般来说，链条的重量不建议太大，通常占本身负荷的 5% ~ 10% 即可。当然，用弹力带也可以，道理都是一样的。两条弹力带，一头固定在地板上，另外一头连在杠铃上。蹲下去的时候，弹力带比较松弛，阻力减小，起来的时候弹力带被拉长，阻力增大。用链条辅助训练还有一个好处，链条在蹲起的过程中会来回晃。这时我们的重心就会跟着出现一些不稳定，那么身体为了稳定姿势，就要更多地提高整体的深层肌肉力量。

不过，从相关的实验来看，这种可变阻力的训练（不管是链条还是弹力带），都没有明显地提高最大力量或者爆发力的作用。但有个别研究发现有效果。

再来说说强迫次数的知识。强迫次数，或者强迫组数，就是在一组训练里面，最后再使劲儿完成一两次动作，或者借点力，或者别人稍微辅助一下，又或者在肌肉已经疲劳的情况下再增加一组训练。

强迫次数或者强迫组数都是增加疲劳程度的方法。我们知道，疲劳往往跟增肌挂钩，所以这种方式更有利于增肌。

力量训练中，肌肉疲劳会带来更多的激素反应，强迫次数能带来更多的睾酮、生长激素的分泌。当然，皮质醇的分泌也增加了。但总的来说，似乎更偏向于合成代谢激素分泌的增加。当然，这并不是说强迫训练就一定更有利于增肌，这方面好的研究还很少。

强迫训练会导致疲劳程度明显增加，所以有些研究发现，肌肉力量恢复的时间也相应地延长了。比如以前训练后两天就能恢复，现在可能需要三天。所以强迫训练时，要考虑给肌肉和神经系统更长的恢复时间。

还有一种方法类似强迫训练，叫骤降组。在训练的时候，一个负荷完成训练之后，辅助者马上拿掉一两个杠铃片，降低负荷，训练者紧接着再做一组，直到力竭，然后重复这个过程。

这也是追求疲劳的方法，对于肌肉耐力的好处是可以肯定的，但是能否有效地促进增肌尚不清楚。

还有所谓的“三合组”“巨型组”，都是以追求更大的疲劳感为目的。一般来说，都是肌耐力训练或者增肌训练者来使用，纯力量训练要避免疲劳，所以一般不使用这类方法。

再说说组内休息。

组内休息就是一组内几次动作之间给予短暂的休息，这样能多完成几个动作，尤其是在重量很大的时候。有一些研究发现，组内动作之间安排休息的方式也能提高肌肉力量，但是不如连续动作不休息提高得明显。但是也有研究发现没有区别，组内可以休息。目前还不知道到底哪种更好。

组内休息也有很多种方法，一般来说，使用者多数是纯力量训练的运动员。从风格上来说，仍然是练力量对应休息，练肌肉对应疲劳。不是很建议增肌者组内休息，当然，在一组动作的最后，实在是没力气了，动作之间稍微休息下其实也没什么，只是长时间地安排组内休息一般并不建议。

5.7 力量训练停训后会怎么样?

停止训练后，身体会出现什么样的适应性变化呢?我们主要讲力量训练的停训，顺便把有氧运动的停训也简单说一下，因为这跟减肥是直接相关的。

力量训练也好，有氧运动也罢，都是对身体的一种刺激，身体会发生适应性的变化。停止运动和训练，身体肯定也会发生适应性的改变，之前训练引起的适应性变化会出现消退。

有氧运动方面，运动引起的适应性变化，包括最大摄氧量的提高、Ⅰ型肌纤维比例的增大、毛细血管密度的增加、有氧氧化酶活性的增强、线粒体体积和密度的增大等等。这些变化，会带来有氧耐力运动能力的提高。但是从减肥的角度来看，以上大多数有氧运动后身体的适应性变化，也都会让身体氧化脂肪的能力增强，有助于减肥。比如毛细血管密度增加，那么往肌肉里输送脂肪酸的能力就会增强，对运动中直接多消耗脂肪是有好处的。这样，对减肥来说，总体上还是有好处的。

虽然这不是决定最后减肥成败的关键，但至少总体上是有好处的。而且，氧化脂肪的能力增强，运动时对糖类物质也会更节省，那么等于间接地减少了肌肉蛋白质的氧化。因为我们都知道，在低糖类储存的情况下运动，不管是低血糖，还是低肌糖原，蛋白质的氧化比例都会提高。

有氧耐力运动的运动适应，停止运动后消退得最快。比如有氧氧化酶的活性，一般停止训练后 1 ~ 2 周就会明显下降，4 ~ 6 周就差不多回到训练前的程度了。所以，酶的退化非常明显。当然也看是什么酶，糖酵解酶，退化就很不明显，一般至少要 4 ~ 6 周才开始活性下降。

这就是说，有氧耐力训练停训后，有氧运动能力会下降得比较快，但是因为糖酵解酶“退化”得不明显，所以训练引起的无氧糖代谢能力的提高“退化”就会比较慢。

比如一个长跑运动员，经过一段时间的训练，有氧耐力提高了，最后冲刺的能力也提高了。前者主要是有氧氧化能力，后者主要是无氧糖酵解能力。停训后一段时间再跑，有氧阶段就会比较吃力，但是冲刺能力很可能还保持着。

如果要说跟减肥的关系，有氧氧化能力跟减肥的关系更直接一些。所以减肥的时候，规律地做一些有氧运动会更有好处。而且这种规律的有氧运动要保持住效果才能更好，停止运动最好不要超过 1 周。有氧运动停训后，相比运动适应，最大摄氧量的变化就慢一些。从这个角度讲，有氧耐力运动停训 2 周也问题不大。

毛细血管密度的“退化”一般就更慢一些，有的数据显示，要停止训练几个月，才会恢复到训练前的水平。有氧耐力训练引起的线粒体的变化，有数据显示要 2 ~ 3 周才会丧失。

总的来说，有氧耐力运动引起的训练适应，在停止训练后几个月基本上就都恢复原样了。有的数据称，5 年耐力训练形成的运动适应，会在停止训练后 2 ~ 3 个月内消失，想想还是挺可怕的一件事。

所以，这里说句题外话，哪怕是奥运会长跑冠军，半年不训练，那也只是一个天赋较强的普通人，成绩也许还比不上一个省队的队员。所以耐力项目的运动员，他们的运动生命很脆弱，不像乒乓球、羽毛球这些项目，一年不打还能复出。耐力项目只要放得足够久，基本上就拿不起来了。而且，从耐力运动本身来讲，停训引起的训练适应的消退，是消退容易恢复难。也就是说，如果 15 天没训练，训练适应掉了 10%，那么再重新训练 15 天，可能恢复不了 10% 的程度。

另外，耐力训练的停止还会引起肌糖原储量的降低，而且会比较明显。所以有的人一训练体重就增加，一停训体重就下降，除了饮食的原因之外，肌糖原储量的增减也是一个因素。

我们之前讲过，有氧耐力训练会让ⅡB 型肌纤维萎缩，这样Ⅰ型肌纤维的比例就升高了。那么停止训练后，一般ⅡB 型肌纤维还能恢复比例。

我们再说一下力量训练停训。总的来说，最大力量的消退要比肌肉体积的减少快。越是训练水平高的人，停训后力量掉得越明显。而且还有个现象，之前训练的时候力量增长越明显的话，那么停训后力量掉得也越明显。比如周期训练，这段时间提高负荷和训练量，过去是一周训练一次，现在一天一次，那么力量增长会比较明显。但是停止训练后，一天训练一次力量掉得就很快，一周训练一次掉得就慢一些。

关于停训后肌肉力量的下降，也有很多不一致的研究结论。有的说，停止训练后几周力量就会明显下降，有的说停止训练后2 ~ 3个月力量还没有特别明显的变化。说法不一致，可能是跟力量测试的方法有关。如果测试的是膝关节伸展的最大力量，那么停止训练后可能下降会快一点，因为这里面没什么技术含量。但是如果测试的是出拳的最大力量，那么停训后下降速度就会比较慢，因为这个力量很大程度上依赖技术，而这种技术一旦掌握后消退是非常慢的。包括举重也是这样。

力量训练引起的肌肉肥大，停止训练后一般在4 ~ 6周后会开始明显地萎缩，当然，不同的数据来源记录的这个时间都不一样。如果是骨折了，打上石膏了，就属于完全的限制活动，那么肌肉萎缩得就会特别快，一般几天就能看到肌肉的缩小。

另外注意一下，停训引起的肌肉萎缩，Ⅰ型、Ⅱ型肌纤维都会出现，但是可能Ⅱ型肌纤维有更明显的趋势。因为增肌本身就是Ⅱ型增加得多，所以萎缩也是如此。

最后我们说一下减量训练。完全停训，我们的训练适应会逐渐消退，但是减训的话，这种消退就会小得多，慢得多。也就是说，我们把训练量减少了，训练频率也降低了，但是仍然能比较好地保持训练效果。比如最大摄氧量，即便训练量减少到原来的30%，还是能在很长时间内保持最大摄氧量不减退。肌肉力量和体积也是一样，一般来说，如果每周能保证一次训练，那么一部分肌肉就可以维持力量和肌肉量，在短时间内不会明显减少。

第六章　神秘花园——激素（上）

6.1　什么决定了激素水平高低？

首先讲一点最基础的知识：什么是激素？激素，也就是人们常说的荷尔蒙，是一些特殊的化学物质，这些化学物质能调节身体中的一些生物功能。有人形容，激素是给身体“下命令”的物质，确实可以这么说。比如睾酮，它负责告诉肌肉细胞该长大了。

激素主要是内分泌腺分泌的，比如我们熟悉的甲状腺、甲状旁腺、胰岛、肾上腺、性腺（卵巢和睾丸）等等。但是我们容易有个错误认识，认为激素只能由这些内分泌腺分泌。但其实，我们身上的很多细胞都有内分泌的功能，比如肌肉和脂肪，都是可以分泌激素的。

骨骼肌的内分泌功能也是近十几年比较热的话题。大家注意，骨骼肌的内分泌功能，过去比较重视的是肌肉细胞自分泌、旁分泌的作用。自分泌，简单说就是细胞自己分泌激素给自己用。旁分泌，就是一个细胞分泌了一种激素给隔壁细胞用。那么内分泌是怎么回事呢？内分泌就是细胞分泌了激素，既不是给自己用也不是给邻居用，而是进入血液循环，被血液带走，给远处的细胞用。这是我们身体内分泌的主要分泌形式。

骨骼肌除了能自分泌和旁分泌，同时也具有分泌激素进入血液循环，给远处的组织器官使用的功能。瘦体素，一般认为是脂肪细胞分泌的，后来人们发现骨骼肌也有分泌瘦体素的功能，甚至很多脂肪因子骨骼肌也都能分泌。

骨骼肌还会分泌肌肉因子，比如肌肉生长抑制素，能抑制肌肉的生长。如果先天存在这种基因缺陷，那么肌肉就会生长得特别大。大家可能在网上见过比利时蓝牛的图片，肌肉异常发达，就是这种情况。

骨骼肌还能分泌 IGF-1，也就是类胰岛素一号生长因子，也被称作“促生长因子”，这种物质跟肌肉的增大直接相关，是促进肌肉增大的。很多研究发现，肌肉离心收缩可以使骨骼肌 IGF-1 的水平显著升高，说明离心收缩对肌肉增大有更重要的作用，这一点我们在前面也讲过。

因为骨骼肌有内分泌功能，所以很多人都关注它的保健作用。最简单的逻辑就是，骨骼肌能分泌很多好激素，所以骨骼肌增多，好激素就增多，身体就更健康。这也是增肌训练的一个好处。

脂肪也有内分泌功能，很多跟胖瘦有关的激素或细胞因子都是脂肪分泌的，性激素水平也跟脂肪有关系。脂肪组织可以调节性激素的代谢，参与类固醇激素的转化，比如它可以把雄激素变成雌激素。所以，太胖的男人容易出现一些雌激素过高引起的问题，跟这个因素就有一定关系。

当然，性激素也能反过来影响脂肪的分布，比如雌激素可以刺激乳腺组织处的皮下脂肪生成，而雄激素则会促进内脏脂肪的堆积，出现中心性肥胖。女性在绝经之后往往出现中心性肥胖，一般认为就跟绝经后女性的雄激素优势提高有关。

刚才讲到，内分泌腺分泌激素后，激素便进入血液循环，给全身其他细胞使用。所以，在说一种激素水平的高低时，一般就是说血液里这种激素有多少。

血液能流遍全身，所以也能带着激素在全身到处跑，激素就能在全身发挥作用了。那么，什么因素能影响血液里激素的浓度呢？主要有以下这几点（为了通俗易懂，这里不严格区分血液和血浆这两个概念）：

第一，激素合成和释放的量。

激素要先合成才能发挥作用，所以激素的合成会影响血液里激素的浓度，而激素的释放也会影响血液里这种激素的浓度。比如有的激素释放的速度比较均匀，那么这种激素在血液里的浓度就不会特别高。但有的激素释放的时候是“一股一股”的，每次释放出很多，那么这时候激素的浓度就容易在血液里一下子升高，生长激素就是这样。

激素的分泌和释放往往还有周期性。比如睾酮，早上分泌得多晚上分泌得少，在一个月里面，有时候分泌和释放也有高峰期和低谷期。

第二，激素半衰期。

激素要经过血液循环输送到身体各处，到该发挥作用的地方去发挥作用。这就是说，它不是即刻分泌即刻使用的，经常是“在路上”，这就涉及一个“保质期”的问题，也就是激素的半衰期。

半衰期就是指在一段时间内，激素失效一半。不同的激素，半衰期的时间不一样，有的只有几秒钟，有的几分钟甚至几小时。也有的激素半衰期很长，比如甲状腺激素，半衰期有好几天，这样，甲状腺素分泌出来能用的时间就很长，不会轻易失效。而激素自己也在“想”，我能不能多活一会儿？所以激素就想了个办法，跟蛋白质结合来保护自己。但我们分泌出来的激素也不会都跟蛋白质结合。跟蛋白结合了的激素叫作结合状态的激素，没结合的，就是游离状态的激素。你可能听说过“游离睾酮”这种说法，就是指没跟蛋白质结合，游离在血液循环当中的睾酮。

我们血液里，大部分睾酮都是结合状态的，游离状态的只占 1% ~ 2%，这对睾酮的存活来说是好事儿，能让睾酮存活时间更长。

第三，激素的清除率。

什么叫激素的清除率呢？激素有指挥细胞的能力，这种能力很强大，所以它不能老在血液循环里待着，要被不停地清除。清除激素的主要地方是肝脏。所以说激素清除率，一般就是说肝脏清除率，或者说肝肾清除率，因为肾脏也有这个功能。

有的人肝肾功能有问题，就会因为影响激素的清除率而改变身体里激素的水平，出现一些疾病的表现。还有在运动的时候，肝肾的血流量降低，流过肝肾的血液少了，血液里面被清除掉的激素也就少了，激素的清除率降低，激素在血液里面的水平就会升高。所以有些实验发现运动后某些激素水平提高，不一定是真的激素分泌增加了，可能是清除率降低了。

第四，血液转移。

激素在血液里面的浓度高低跟血液的多少有关系。激素的量是一定的，血液多了，激素就被稀释了，浓度就会降低。反过来，血液少了，激素就会浓缩，浓度升高。所以，我们测一种激素的水平，跟血液多少也有关系。人的血液量是经常变化的，比如你运动了一段时间，出了一身汗，血液（血浆）就少了，因为我们汗液里的水要依靠血液（血浆）来提供。运动的时候，细胞内的液体少了，需要细胞外液来补充，这也会让血液（血浆）减少。又比如很长时间没喝水，血液（血浆）也会少，所以这种情况下测激素就会不准确。

所以，有些不严谨的实验让被试者做某种运动之后测血睾酮，发现高了，就说这种运动能促进睾酮分泌，其实并不科学。你无法判断是激素水平真高了，还是血液浓缩或清除率降低了。

学术研究也有水平高低之分，所以我们对学术研究的成果需持辩证的态度。真正靠得住的结论，是需要众多不同类型和设计的实验共同验证的。

6.2 为什么胰岛素一般只能注射，而睾酮既可以口服也可以注射？

接下来，我们讲一下激素的类型，主要了解两大类就可以了：蛋白质做成的激素和脂肪做成的激素。

蛋白质做成的激素，就是胺类激素和肽类激素，具体有哪些呢？我们最熟悉的胰岛素就是肽类激素，还有刚才讲过的IGF-1，也是肽类激素。肾上腺素、去甲肾上腺素、多巴胺是胺类激素，这些激素都是蛋白质做成的。既然是蛋白质做成的，它们就有蛋白质的特点，其中一个重要特点就是不结实。

蛋白质怕热、怕酸、怕消化酶（蛋白酶），所以蛋白质类的激素也怕这些东西。比如胰岛素口服的话，基本上过不了胃酸和胃蛋白酶这一关，在胃里就灭活了，所以胰岛素一般都要注射。

第二类激素就是脂肪做的激素，也就是类固醇激素。类固醇这个字眼大家看着可能会比较敏感，其实类固醇是一类激素的统称，不仅仅是增肌人群讲的那个“类固醇”。类固醇激素都是胆固醇变的，所以这类激素我们可以把它理解成一种“脂肪”，当然这么说不很严谨，但是便于大家理解和记忆。类固醇类的激素有哪些呢？我们最熟悉的性激素，比如睾酮、雌激素，都是类固醇类的激素。皮质醇也是类固醇类激素。这类激素有脂肪的特点，不怕胃液，所以可以口服。当然注射也可以，毕竟剂量大了口服也不是很现实。当然黏膜吸收也可以，比如皮质醇就可以吸收。

既然类固醇激素是脂肪做的，它就有脂质的特点，它可以直接穿透细胞膜。但是它在血液循环里要和蛋白质结合才可以，因为脂肪本身不溶于水，脂肪在血液里没法“好好待着”。

激素还可以根据作用分成两类，一类是合成代谢激素，一类是分解代谢激素。合成代谢激素就是合成身体成分的，不管是合成肌肉也好，还是合成脂肪、糖原也好，总之可以理解成是给身体做加法的。增肌人群很喜欢合成代谢激素，因为合成代谢激素往往能促进肌肉的生长。比如生长激素、IGF-1、睾酮、胰岛素，都是合成代谢激素。可能有的人不知道，其实胰岛素也能促进肌肉的合成。我们讲到胰岛素的时候会重点讲。

另外一类就是分解代谢激素，我们最熟悉的就是皮质醇，促进蛋白质分解，增肌的人最讨厌它。

我们关注训练和营养，就需要了解怎么能提升合成代谢激素，减少分解代谢激素，这是增肌人群一个基本的追求方向。

6.3 豆腐里有雌激素？增肌的人能不能吃豆腐？

激素是怎么发挥作用的呢？关于这一点，我们必须明白一件事，那就是激素要跟特定的细胞去结合才能发挥作用。

我们之前讲过，激素主要是通过血液循环运输到身体各处发挥作用的，所以一种激素一旦进入血液循环，就跑的全身到处都是，但是我们千万不要觉得，这时我们全身所有的细胞都会受到这种激素的影响。每一种激素都只对一些特定的细胞有用，对别的细胞没用，这是激素的一个很重要的特点。为什么会有这种差别呢？是因为激素只有跟细胞上的激素受体结合之后才能对细胞产生作用。这就是重要的“激素受体”的概念。

受体，可以把它理解成是细胞上的若干小孔，这些小孔的形状不一样。激素也有自己的形状，形状配上了，激素才能跟受体结合。而且并不是一个细胞上面只有一个小孔，只能有一个受体。其实，一个细胞上有很多受体，一般是 500 ~ 100 000 个左右。这就是细胞上激素受体的第一个特点：分布数量不同，有的多，有的少。

激素受体的第二个特点：浓度会发生变化。有些情况下，细胞上某种激素的受体会增多，有的时候会减少，是不固定的。比如我们追求增肌，如果睾酮水平太低是不行的。但是，如果睾酮水平高，而肌肉细胞上睾酮受体浓度低也是不行的。睾酮受体浓度低，睾酮水平再高，细胞上的小孔就那么几个，睾酮在外面排队也进不去，所以也没用。

反过来，如果受体浓度高，即便是激素浓度不很高，但是激素对细胞的作用可能更明显。而且，受体是可以变化的，如果能让受体浓度变高，那么相当于提高了激素水平。比如我们力量训练前后补充糖和蛋白质，就可能让肌肉细胞的睾酮受体浓度持续升高，进而促进增肌，就是这个原理。

所以，我们关注激素，一定要同时关注激素受体的改变，这是很重要的。

我们再说一个增肌者可能感兴趣的话题，增肌能不能吃豆腐？激素受体，就是细胞接受激素的地方，如果细胞上没有一种激素受体的话，那么这种激素对这个细胞就没作用。所以我之前打了个比方，细胞上的激素受体就像是一个一个的小孔。受体是个圆的孔，那么就能和圆形的激素结合，是个五角星形的孔，就能跟五角星形状的激素结合，这样激素对细胞就会起作用。

但是有些东西不是激素，却跟激素长得很像，比如形状也是圆的，或者也是五角星形状的，那么它跑到细胞周围，也能跟细胞上的激素受体结合。这样一结合，问题就来了，这种不是激素的东西把受体占上了，等真的激素来了，就没法跟受体结合了，这样真的激素就不起作用了。这种长得像激素，但不是真激素的一类东西，叫激素样化学物质，会影响真的激素和细胞受体结合。比如剧烈运动的时候，肾上腺素升高，会让心跳加快，但是有些人心脏有问题受不了怎么办呢？吃一种药，这种药是一种很像肾上腺素的化学物质，先把肾上腺素的受体占用上，这样肾上腺素就不会影响到心跳了。

有人说增肌不能吃豆腐，因为豆腐里雌激素多。实际上，豆腐里没有雌激素，豆腐里的大豆异黄酮只是雌激素样的化学物质，它能跟雌激素受体结合，反而能让过高的雌激素的作用降低。当然，大豆异黄酮本身也能发挥一点点雌激素的作用，所以如果雌激素水平低的时候，它不能发挥抑制雌激素的作用，反而会起到一点点雌激素的作用。

但即便如此，说增肌不能吃豆腐喝豆浆，肯定还是不对的，只不过，不建议吃过多豆制品，那样或许会产生一些不利于增肌的影响。什么叫过多呢？天天豆腐，顿顿豆浆，豆腐当主食，豆浆当水喝，这就不建议了。正常情况下，每周吃两三次豆腐完全没问题。

6.4 为什么很多健美运动员会偷偷打胰岛素?

我们讲过，激素都有寿命，叫半衰期。胰岛素的半衰期不长，只有5～6分钟，也有数据说3～5分钟，总之时间都是只有几分钟。所以，胰岛素如果升高，不管升高多少，降低得都会很快。

一顿饭后，我们血液里的胰岛素可能能提高5～10倍，但之后，它很快就会恢复到正常水平（有胰岛素抗体的糖尿病人，胰岛素的半衰期要明显长好几倍）。所以，很多胰岛素威胁论说的很吓人，实际上都是危言耸听。

大家知道，胰岛素最主要的作用就是降血糖，而且胰岛素是我们体内唯一能降血糖的激素。胰岛素降血糖通过两个途径：一是利用血糖；二是减少血糖再增加。

利用血糖很好理解，比如葡萄糖原来在血液里，就是血糖，血糖高了人受不了，但是胰岛素把葡萄糖从血液里转移到肌肉或者脂肪里，这样血液里的葡萄糖就少了，血糖就会降低，这就是利用。

减少血糖的再增加，主要是通过抑制糖异生和抑制肝糖原变成血糖。糖异生主要是蛋白质变成糖，简单地说，就是要消耗肌肉。胰岛素抑制糖异生，其实就是减少肌肉蛋白质的分解。

我们前面说过，胰岛素是一种重要的合成代谢激素。它可以促进肌肉里肌糖原的合成，同时，胰岛素还能促进肌肉蛋白质的合成。

首先，胰岛素能把氨基酸“输送”到肌肉里面，为合成肌肉蛋白质提供材料。其次，胰岛素还能直接促进蛋白质合成。胰岛素的这些功能，再加上刚才讲的胰岛素能抑制肌肉蛋白质分解，所以胰岛素也成为被增肌人群滥用的激素，在健美运动界，滥用胰岛素的现象一直存在。

当然，用注射胰岛素的方法促进增肌肯定是不建议的，但我们也要重视胰岛素对增肌的作用，没有足够的胰岛素，增加肌肉蛋白质合成是非常困难的。但现在对胰岛素的负面报道甚嚣尘上，很多增肌者也是谈胰岛素色变。他们认为，人变胖就是胰岛素导致的。

胰岛素合成代谢激素可以促进肌肉合成，同时确实也有促进脂肪合成的功能。但真正让人变胖的，是多余的热量，而不是胰岛素。说胰岛素导致肥胖，是让胰岛素“冤屈地背了黑锅”。

我们再说一下调节胰岛素的因素，也就是什么能让胰岛素增加，什么能让胰岛素减少。

刺激胰岛素分泌的因素主要是血糖的升高。这里要注意，仅仅品尝甜味是不会让胰岛素升高的。甜味剂一般不会明显升高血糖，也不会让胰岛素明显升高。有人会想，我尝到甜的东西了，那么胰岛素提前先升高点，好像也合情合理，做准备嘛。那你想得太简单了。

我们在品尝到好吃的东西时，甚至只是想到好吃的东西时，消化系统可能就会增加消化液的分泌，这种反应的确是存在的，是一种准备。这种准备是可以的，因为即便好吃的没来，也没什么太大的损失或者伤害。

但胰岛素可不一样。血糖本来没升高，胰岛素却提前分泌出来，胰岛素过多，血糖会迅速下降，人肯定受不了，况且低血糖严重时是很危险的。所以，胰岛素分泌的增加永远是稍微滞后的，只有血糖确实升高了，它才增加分泌，否则会很危险。

当然，也有研究发现，口服葡萄糖比注射葡萄糖更能刺激胰岛素分泌。倒不是因为口味引起了胰岛素的分泌，而是胃肠激素的影响。

除了血糖升高，血液里氨基酸水平的升高也能刺激胰岛素增加，只不过作用远没有血糖升高那么明显。除此之外，血液里的游离脂肪酸、酮体也能调节胰岛素的分泌。

什么能降低胰岛素的分泌呢？肾上腺素、交感肾上腺素都能降低胰岛素分泌。因为这些都是升高血糖的激素，人一紧张一兴奋，血糖就会提升，所以胰岛素必须先降下去。另外，前列腺素也能降低胰岛素的分泌，生长激素也有拮抗胰岛素的作用。

6.5 运动和胰岛素的关系

下面我们讲一下运动和胰岛素的关系。

运动对胰岛素的影响，最主要的就是两个字：降低。这很好理解，运动的时候我们是需要血糖的，尤其是强度较高的运动和持续的运动，需要血糖升高来提供高效率的能量物质。这时候，如果胰岛素也高的话，那血糖就降下去了。所以，运动的时候胰岛素不能高。胰岛素降低，升高血糖的激素提高，这是运动时胰岛素相关变化的主要概况。

运动时胰岛素的降低主要跟运动强度和时间有关。高强度运动，降胰岛素水平会更明显。这也很好理解，低强度运动对脂肪的依赖比较高，对糖的利用比例不大，所以不需要血糖明显升高，而高强度运动更依赖糖类作为主要的供能物质。一般运动强度要超过 50% 最大摄氧量，也就是基本达到中等强度前后的程度，血浆胰岛素水平才会降低。

就运动时间来讲，中高强度的运动时间越长，越依赖血糖，越会降低胰岛素。因为运动一开始，肌糖原的使用比例比较大，但是肌糖原储量毕竟有限，之后就要靠血糖，血糖的利用比例就逐渐提高了。

所以运动的时候，胰岛素呈降低的趋势。当然，伴随着胰岛素的降低，升血糖激素是提高的。升血糖激素提高，也是让胰岛素降低的一个直接的力量。

在人体内，升血糖激素和降血糖激素是对抗的，但是谁更厉害呢？肯定是升血糖激素。首先，升血糖激素“人多势众”肾上腺素、生长激素、胰高血糖素、皮质醇这些都是升血糖激素，降血糖的就一个胰岛素。其次，在进化的过程中，升血糖比降血糖重要。古人类吃都吃不饱，更没有过多的血糖需要降了。但是关键时刻血糖升不上来，就会对生存和繁衍产生影响。所以一般来说，胰岛素总是被“压制”的，当然这是正常的情况。

运动时胰岛素水平降低，有利于血糖水平的升高，在强度较高的运动时给身体提供能量。另外，运动时胰岛素水平降低，还有利于身体利用脂肪，增加脂肪的氧化。因为胰岛素是可以抑制脂肪氧化的，胰岛素水平降低，那么脂肪氧化也就更活跃。

那胰岛素水平低的时候，是不是更有利于减脂呢？虽然理论上说有好处，但目前从实际来看，还没有直接的证据能说明胰岛素水平低对减肥有好处。只能说从减肥的角度讲，在相对高一些的胰岛素水平和低一些胰岛素水平当中，低一些可能更好。但从增肌的角度讲，这样并没有好处。低胰岛素水平代表高分解代谢激素水平，这都是不利于增肌的。

那么有人可能会问，我不考虑增肌，只考虑减脂，怎么获得低胰岛素水平呢？除了少吃碳水化合物之外，还可以用肾上腺素类的激素来抑制胰岛素。

我们之前讲了，胰岛素对抗不过升血糖激素，所以运动、神经紧张、高温低温的时候，交感神经兴奋，胰岛素水平都会受到抑制。还有在缺氧状态下运动，交感神经会更加兴奋，这时胰岛素水平也会受到抑制。所以有的观点说低氧面罩有利于减肥，这就是一个理论上的“依据”，是不是真有这个作用还不确定，而且这些所谓的“增加脂肪氧化”的手段，即便有用，作用也是很微弱的。

下面我们说一下运动对基础胰岛素水平的影响。

我们之前讲运动时胰岛素水平的变化，都是说运动当时和运动之后短期胰岛素的变化，那么运动会不会影响我们平时的胰岛素水平呢？会。

一般来说，经常运动的人，平时的胰岛素水平比较低。这主要是长期运动导致了细胞胰岛素敏感性的提高，不需要那么多胰岛素就可以完成以前胰岛素的工作，所以如果追求较低的胰岛素水平，那么养成规律运动的习惯是很好的办法。对于糖尿病患者来说，规律的运动非常重要，运动本身就是一种治疗手段。大家猜一下，Ⅰ型肌纤维和Ⅱ型肌纤维，哪种胰岛素敏感性更强呢？肯定是Ⅰ型肌纤维胰岛素敏感性更强，因为Ⅰ型肌纤维主要跟有氧耐力能力相关，对血糖的消耗更多。相比而言，Ⅱ型肌纤维，尤其是ⅡB型，胰岛素敏感性就要差一些。所以粗略对比，一般来说，优秀的耐力运动员的整体肌肉胰岛素敏感性要高于力量型运动员，因为前者的Ⅰ型肌纤维比例要大得多。还有研究发现，肥胖者的ⅡB型肌纤维比例较大，整体的胰岛素敏感性较差可能也与此有关。

最后顺便提一句，高强度间歇性运动看起来好像是不需要血糖，但有意思的是，这种运动似乎也会明显提高胰岛素的敏感性。这可能跟高强度间歇性运动对肌糖原超量储存的强刺激作用有关。

6.6 皮质醇是怎么让我们丢肌肉的?

很多人都知道皮质醇,但是大家对它的概念可能比较模糊。皮质醇是一种类固醇类的激素，它是肾上腺皮质分泌的，所以叫皮质醇。

有的人把皮质醇和糖皮质激素当成是一种东西，严格来说是不对的，肾上腺皮质分泌的激素叫皮质激素，其中主要管糖代谢的，叫糖皮质激素。而糖皮质激素有好几种，皮质醇是其中最主要的一种，占的比例也最大。所以有时可以粗略地说，糖皮质激素就是皮质醇，但实际上不完全是一回事。

皮质醇有什么作用呢？从宏观上讲，这种激素最主要的作用是分解代谢。皮质醇是一种主导分解的激素。

跟皮质醇对立的，主导合成的激素是哪个？可能你首先想到的就是胰岛素。其实，更重要的还有睾酮。所以，皮质醇基本可以认为是睾酮的“敌人”，这也是增肌人群讨厌皮质醇的原因。

皮质醇是一种应激激素，什么叫应激？简单说，就是身体受到了刺激，感受到了压力。比如运动就是一种刺激，一种应激源。情绪紧张也是一种刺激。应激激素就是应对刺激的激素。身体一受到压力，应激激素就分泌，应对压力。应对压力的时候，身体基本就要去分解，而不是去合成。这就好像我们生活中面对压力的时候，一般不是存钱解压，而是花钱消费，缓解压力。所以，压力引起皮质醇升高，皮质醇从而应对压力。

具体怎么应对？方法很多。皮质醇是糖皮质激素，所以它最主要的作用就是提高血糖。

那么皮质醇是怎么提高血糖的呢？一是分解蛋白质，促进糖异生，把肌肉变成糖；二是拮抗胰岛素，不让胰岛素起作用。当然这是粗略地说，往细了说，其实是“允许作用”，允许血糖升高，而不完全是直接启动血糖升高，这个地方简单知道即可。

总的来说，“高皮质醇”可以跟“丢肌肉”画等号，因为皮质醇可以促进蛋白质分解，抑制蛋白质合成，而且皮质醇导致的肌肉丢失，主要是Ⅱ型肌纤维。所以皮质醇对增肌和力量训练的影响都非常大。

当然，这是说高皮质醇，正常的皮质醇水平对于肌肉的重塑和恢复也是必需的。短期的高皮质醇水平也有利于肌肉的恢复。我们可以这么去理解，皮质醇分解了受到运动破坏的蛋白质，这样就帮助了肌肉的更新。

所以大家不要把皮质醇完全妖魔化，皮质醇水平生理性地适当提高，也是我们正常生理的一部分。我们尽可能不要让皮质醇过度和过久的升高就可以了。

皮质醇抑制蛋白质合成不仅仅作用于肌肉，对于胶原蛋白的合成也有抑制作用，所以皮质醇长期很高的话，比如库欣综合征的患者，因为胶原蛋白合成受到抑制，皮肤会很薄，甚至能看得到皮肤下面的血管，而且毛细血管壁也会变薄，非常容易出现淤血。当然，库欣综合征患者肌肉量也会明显减少，身体虚弱。而且，皮质醇过高，还会抑制骨的形成，造成骨质疏松。

“分解代谢”就好像把身体拆掉一样，丢失了部分组织。当然，再次强调，这属于病理性的皮质醇水平长期升高，正常生理水平的皮质醇是无害的。

皮质醇还有一个作用，是促进脂肪分解。有人说，皮质醇不是胖人身上较多吗？比如有时候生病必须用激素，皮质醇用久了人就会胖。皮质醇可以促进脂肪分解，但是同时也能极大地增加食欲，所以一般皮质醇致胖都是这么起作用的，任何事都是多方面因素共同作用的结果。另外，皮质醇还会让脂肪向身体的中心位置和面部堆积，所以皮质醇胖人，大多满月脸、大肚子。

皮质醇还有抗炎、抗过敏的作用。抗炎抗过敏，跟抑制免疫功能都分不开，所以皮质醇是一种强力的免疫功能抑制剂，通俗地说会降低免疫力。所以皮质醇水平持续高的人容易生病，有时候伤口都不容易好。

因为皮质醇能拮抗胰岛素，所以皮质醇持续过量分泌，还非常容易导致糖尿病。这是因为皮质醇拮抗胰岛素，这样胰岛素降血糖的作用就发挥不好，所以胰岛素就要代偿性地增高，这就可能导致人罹患糖尿病或者加重糖尿病人的病情。

最后，皮质醇过高也容易导致失眠。因为皮质醇的正常节律是早上高晚上低，晚上低是有利于人睡眠的，高了的话可能引起情绪亢奋、感觉灵敏，最终导致失眠。所以有些人皮质醇反应比较敏感，如果晚上再运动，那么就可能引起皮质醇水平升高，一段时间下不来，最后影响睡眠。

皮质醇的基础知识介绍完了。总的来说，皮质醇正常就行，尽量不要长时间高于正常的水平，尤其是增肌人群。

6.7 运动跟皮质醇的关系

总的来说，运动是一种刺激，皮质醇是应激激素，所以恰当的运动会引起皮质醇的升高。

高强度运动引起皮质醇水平升高更明显，强度越高往往越明显。一般来说，当有氧运动达到或超过中高强度时，皮质醇水平就会明显升高。

有氧运动的持续时间越长，皮质醇水平也越高，即使是强度不高的有氧运动，持续时间很长的话，皮质醇水平也会升高。因为皮质醇是应激激素，低血糖也是一种应激源。所以，血糖明显降低的话，皮质醇就会很快升高。反过来说，有氧运动中补糖，可以比较有效地抑制皮质醇水平的升高。但是短时间的低强度有氧运动，皮质醇水平一般不会升高，甚至可能会降低。另外，持续性的有氧运动容易刺激皮质醇水平升高，间歇性的可能就好一些。

再说力量训练，力量训练因为强度高，总的来说引起皮质醇水平升高的程度要大于有氧运动。尤其是脱水、低氧情况下的力量训练。

同样，力量训练中补糖，一般也有助于稳定皮质醇水平。

所以，只要是不怕胖的话，不考虑减脂，那么力量训练当中补糖，从皮质醇的角度来说是有好处的。

力量训练方面，高乳酸水平会带来高皮质醇水平。健美式训练，较低一点的重量、多组数、短休息就比举重式训练乳酸反应强，所以皮质醇水平也会比较高。

大量的咖啡因也会增加训练时皮质醇的水平。但是大家不要问为什么还有人吃氮泵。任何事情都不是一个方面的，有利往往就有弊，咖啡因能让人训练热情提高，耐受训练时的痛苦能力增强，所以有人要摄入咖啡因。但弊端肯定也有，就看你从哪个角度分析。而且皮质醇的分泌因人而异，个体差异性很大。咖啡因的效果恰好也是因人而异，所以就存在很多种情况，有些人使用氮泵可能就特别好，利大于弊，有的人可能就弊大于利，所以还要看具体情况。

另外，情绪压力也是压力，所以精神紧张也会造成皮质醇水平升高。大家在训练时和训练后，做一些心理上的放松，都会有好处。

第七章　神秘花园——激素（下）

7.1　睾酮水平高肌肉就一定大吗？

睾酮可能是大家很感兴趣的激素，但是讲睾酮之前，我们要先讲一下怎么看待自己的睾酮水平这个问题。

睾酮和增肌之间有没有关系？绝对有。总体上睾酮水平高的人，一般来说肌肉量也都比较大。但要是具体到每个人也是情况各异。

在激素的基础知识部分讲过，激素要起作用，需要很多复杂的条件，比如激素的“寿命”，激素虽然多但是都“活不长”。细胞上的激素受体浓度也是很重要的一方面。激素浓度高，但是受体浓度低，激素再多也没用。受体不给力，激素也是干着急。况且，一个人的肌肉量多少，增肌潜力有多大，不仅仅取决于睾酮，还跟其他因素有关，比如Ⅰ型肌纤维和Ⅱ型肌纤维哪种多，或者肌纤维的数量先天多不多。

所以对每一个个体来说，并不是睾酮水平高，肌肉就一定大。假设你血睾酮是 15，我是 20，我的肌肉就一定比你大吗？不一定。这是第一点：睾酮水平高的人，肌肉量不一定比一个睾酮水平低的人大。

第二，运动会引起睾酮水平的变化。比如你现在出去狂奔 5 分钟，回来测一下，非常有可能睾酮水平就提高了，这是运动引起的睾酮的急性变化。但是这种变化能不能让肌肉也变大则是另外一件事。

总的来说，运动引起的睾酮水平的急性变化是暂时的，停止运动后一段时间就会恢复，而增肌则是一个缓慢的过程，偶尔一小会儿睾酮水平高，意义并不是很大。另外，运动引起的睾酮水平急性升高不代表就一定能让肌肉增大，这两者，目前来看还不能说有绝对的关联。所以很多人在训练时，不顾一切以追求睾酮水平升高为最终目的，这样做往往走偏了。增肌是个系统工程，绝不能只考虑一个因素。

讲到睾酮，大家首先要有一个正确的心态，不要觉得它很神秘，也不要觉得它就是增肌的金钥匙，只要睾酮高就一定能增肌。即便是“用药”，使用外源性的合成代谢激素，最后也是有人能增肌，有人没有明显增肌，有人增得多，有人增得少。这是由个体差异造成的。

7.2 为什么“用药”会引起睾酮分泌不足?

睾酮的分泌是这样一个“链条”：下丘脑——垂体——性腺——下丘脑（和垂体）。什么意思呢？就是说，睾酮的分泌是这样的：下丘脑分泌一种叫“促性腺激素释放激素”的激素，这种激素让垂体分泌促性腺激素，促性腺激素又告诉性腺，让它分泌睾酮，而睾酮的水平又会反过来控制下丘脑和垂体，睾酮水平高了，下丘脑和垂体就少分泌一些“促性腺激素释放激素”和“促性腺激素”，让睾酮水平降低，这就是激素的“负反馈”。

同样，促性腺激素水平太高的话，也能负反馈调节促性腺激素释放激素，降低其水平。

其实激素就是这样，血液里某种激素少了，促进这种激素分泌的物质就多分泌点，增加激素分泌。激素多了，反过来抑制促进激素分泌的物质，让激素少分泌点。

如果你用药，用外源性合成代谢激素直接使睾酮水平升高，这样也会因为负反馈机制使你自身分泌睾酮的能力降低。用药久了，性腺都可能萎缩，那么这时候一停药，你自身分泌的睾酮就不够用了，短时间还恢复不了。

为什么要讲促性腺激素呢？因为睾酮是一种合成代谢激素，很多人知道用外源性睾酮不好，可能有副作用。但是促性腺激素有人说没事，可以用，其实也不一定。促性腺激素在体育界也是禁用的。可能比直接用睾酮好一点，因为它是让性腺分泌睾酮，其本身并不是睾酮。但是，不代表就不会产生副作用。比如促性腺激素同样会对下丘脑产生负反馈作用，也能引起激素分泌的紊乱。

我们之前讲了，要正确看待自己的睾酮水平。训练的时候，不要过度依赖高睾酮水平，更不要迷信高睾酮一定等于大肌肉。但是我们也说了，虽然高睾酮不是必然等于大肌肉，但是高睾酮在一定程度上会对肌肉增长有好处。所以，假如我们做一件事有利于提高睾酮，但是又对增肌和健康没有什么坏处，这样的话，我们也应该去做。比如短的组间休息时间，一般认为利于训练后睾酮水平的提高，这一点对增肌也没有什么负面影响，那我们就完全可以这么做。

但是有的做法虽然可能有利于睾酮水平的提高，但是对增肌整体上有明确的负面影响，那么这种事我们就不应该去做。比如运动营养学明确发现，高蛋白饮食可能会降低基础睾酮水平，但是我们不能因此就低蛋白质饮食，这对增肌的影响要大得多。因为睾酮水平高一点低一点，还不能说跟增肌效果有明确的直接联系，但是蛋白质如果摄入不足，那增肌干脆就别想了。所以这时候就要顾全大局，做更有把握的事。这一理念非常重要，我们在考虑照顾睾酮水平的升高时，要看利大于弊还是弊大于利。

另外还有一点，那就是激素水平主要是看两种情况：一种是运动后急性的变化，比如一运动，睾酮水平一下就提高了，这属于急性变化；另外一种是基础激素水平，就是我们平时不运动的时候睾酮稳定的基准水平。这两个数据哪个更重要？一般认为还是基础睾酮水平更重要一些，运动后的急性睾酮水平相对次要一些。

7.3 运动与睾酮的关系

下面我们讲一下运动和睾酮水平的关系。我们主要从三个方面来讲，一是循环睾酮跟运动的关系，也就是什么样的运动会引起睾酮的急性变化；二是运动和基础睾酮的关系以及运动怎么影响基础睾酮；三是运动和睾酮受体有什么关系。

先说运动会引起睾酮怎样的急性变化。

首先，这个变化跟性别有关。一般认为，运动引起的男性的睾酮急性变化程度要远远高于女性。运动后女性的睾酮水平有没有变化，在很长一段时间内都是个问题（其实现在也还是个有争议的问题）。也就是说，一次运动后，女性睾酮水平的变化好像很小，甚至没有明显变化。男性则相对很大。原因之一可能是女性的生理睾酮水平本身就比较低，只有男性的 1/20 ~ 1/10。但是，虽然一般认为女性在运动后睾酮水平变化不明显，甚至无变化，但是女性运动后，睾酮受体的水平一般会明显上升，这可能对女性增肌起到很关键的作用（生长激素的作用也不容忽视）。所以我们总是讲，不能单纯地看激素水平。

而对男性来说，首先，一次性运动会引起睾酮水平明显升高，不仅仅是力量训练，一定强度的有氧运动后，男性睾酮水平也会升高（基本排除了睾酮清除率降低或血液浓缩的情况）。

我们都知道有氧运动几乎没有增肌的效果（看相对强度），所以有氧运动后睾酮水平的升高可以说明睾酮的变化不一定最后表现为肌肉的变化。

什么样的有氧运动最容易引起睾酮水平的升高呢？总的来说，运动强度越高，越容易引起睾酮水平的升高，而且睾酮的反应也比较快。比较高强度的运动，甚至 1 ~ 2 分钟就能引起睾酮水平的迅速升高，但是随着运动时间的延长，睾酮水平升到一定程度之后就开始往下掉。所以一次长时间的运动，睾酮一般是先升后降，运动后再慢慢恢复。时间如果特别长的话，运动后睾酮的恢复要很长时间。比如跑一次马拉松之后，睾酮水平的恢复可能需要两天以上。如果连续过量运动训练的话，睾酮水平甚至几周内都无法恢复。所以，考虑睾酮水平的话，有氧运动如果强度比较高，那么时间一定不能太长。另外还是那句话，增肌训练和长距离耐力训练不可兼得，想最大化增肌，就不建议跑马拉松了，彼此之间都有影响。

力量训练对睾酮的影响方面，一次力量训练引起训练后睾酮水平提高，这是毫无疑问的，具体怎么提高，主要跟以下几个因素有关：

1. 使用的肌肉总体积。训练时用的肌肉越多，可能越能促进睾酮水平的提高。深蹲促睾的程度一般就比卧推好，卧推一般比肱二头肌弯举好。

但是一定注意，这不是说不练腿就不能增肌，哪怕不练腿，上身的肌肉通过训练也是能明显增加的。

2. 训练负荷要足够大。也就是说，要使用足够大的重量，轻重量的话效果就会差一些，最起码要中大的重量，比如 85% 1 RM 以上。但使用更大的重量，比如力量举式的训练，那么训练后睾酮水平升高一般不如健美式训练。

3. 中、高训练量。训练量大一点，训练后睾酮水平提高会更大。比如多一点组数（2 ~ 3 组可能就不如 4 ~ 6 组好，这仅仅是从睾酮水平的角度来说）或多安排几个动作。当然，训练量也不是越大越好，过犹不及也不行。

4. 力竭和短的组间休息时间，更能促进睾酮水平的急性升高。

5. 训练前摄入咖啡因，可能会促进睾酮水平的急性升高，而且这种促进效果与剂量有关，也就是说，训练前多摄入一些咖啡因，效果可能更明显。

接下来我们再说一下运动和基础睾酮的关系，以及运动对睾酮受体的影响。

首先，运动对基础睾酮的影响，也就是对平时不运动时睾酮水平的影响。一般认为，长期的有氧运动不能提高基础睾酮的水平，长期力量训练能不能提高基础睾酮水平现在还有争议，更多的研究认为是可以的。如果力量训练能提高基础睾酮水平，一般也需要比较长时间的系统训练，有些研究显示，举重训练要一年以上。

另外我们要把握住一点，那就是过量运动、过度训练会降低基础睾酮。如果出现运动后低睾酮症，就是比较严重的情况了。

一般来说，一次性过量运动后，睾酮都会降低一段时间（长短根据运动情况来看），但是总归几天就能恢复了，但是低睾酮症的话，短期内就无法恢复了。比如一次性运动后，睾酮水平和皮质醇水平都会升高，彼此之间比例变化不大，这说明两者还是很平衡的（这两种激素是“冤家”）。但是长时间的大量运动，就可能引起睾酮水平升高的没有皮质醇那么多，甚至睾酮水平降低，皮质醇仍然升高。简单说，皮质醇比睾酮的优势强，这说明身体的分解力量超过了合成。

所以大家训练的时候一定要注意，高强度的训练可以安排，但是持续的时间不要太长。根据自己的身体表现来决定时间，如果说这阵子训练量加大，身体出现持续疲劳的情况，一定要降低训练量。

测量早晨的心率也是不错的方法，大家可以养成习惯。早上起来测测心率，做个记录。如果发现数字持续上升，就要注意减量训练和休息了。

我们再说一下运动与睾酮受体的变化关系。其实不说别的激素，仅仅说睾酮，受体的浓度就起到非常大的作用，甚至有可能比睾酮水平本身的作用还明显。

力量训练会提高肌肉细胞睾酮受体的浓度，这一般可以确定。有数据说，足量的力量训练后 48 小时，肌肉细胞睾酮受体水平都会提高。这个 48 小时刚好和肌肉生长修复的时间差不多长，所以说明受体水平的提高就为了这个目的。但是假如营养补充不及时，那么这种受体水平的提高就不会持续这么久。比如有数据说，如果没有充足的营养补充，训练后受体水平一小时内就会下降。这个营养补给主要指训练前和训练后补充碳水化合物和蛋白质。所以训练前、后营养的补充非常重要，但关于增肌训练的营养，不是我们本书要讨论的内容，在我的其他书当中有详细的讲解。

7.4 不吃饭生长激素水平会很高，增肌应该不吃饭吗？

首先，广义上说，生长激素是一个族群，不是一种激素，这一点大家要明确。比如我们之前说过的 IGF–1（类胰岛素一号生长因子），就属于生长激素一族中的一种。

那生长激素和 IGF 是什么关系呢？我们可以这样去理解，生长激素是领导，IGF 是基层员工。生长激素下命令，IGF 去执行。也就是说，生长激素的具体作用一般要通过 IGF 去实现，而不是生长激素直接起作用。生长激素跟细胞上的受体结合，刺激局部生成 IGF，然后 IGF 再调控组织生长，主要就是让组织增殖。

当然，从狭义上来讲，生长激素就是生长激素，IGF 就是 IGF，始终是两种东西，大家要弄明白这个关系。

我们下面先单独讲一下生长激素。生长激素是一种蛋白类激素，我们可以认为它就是一种蛋白质。那么它就有蛋白质的问题，比如怕酸、怕热、怕重金属等等。所以很多人说肉里面有生长激素，吃了对身体不好。实际上，做熟的肉，生长激素的活性也就被破坏了，很难说还能剩多少。

生长激素的作用主要有以下几方面：

1. 促进组织生长，具体说就是促进蛋白质合成、促进骨骼肌肉生长发育。当然也不是所有组织，比如大脑发育就跟生长激素没关系。

2. 促进脂肪分解。生长激素也是促进脂肪分解的激素，在一定程度上也有助于减肥。

3. 升血糖。生长激素也能升血糖，只不过作用一般。

4. 拮抗胰岛素。生长激素是胰岛素的对头，所以肢端肥大症、巨人症这些患者，一般都有垂体性糖尿病，主要就是因为生长激素拮抗胰岛素的作用。

生长激素是怎么分泌的呢？有的人说，生长激素只有晚上才分泌，其实白天也分泌。还有的人说，生长激素只有睡觉时才分泌，其实不睡觉的时候也分泌，只是多少的问题。生长激素的分泌有明显的节律性，白天少，晚上多；醒着少，睡眠时多。的确，生长激素的分泌跟睡眠周期有关，一般深度睡眠后的 1 ~ 2 小时生长激素大量分泌。注意，睡眠质量很重要，浅睡眠不行，要深睡眠。我们晚上睡觉是深睡眠和浅睡眠交替进行，经历几个周期，所以晚上生长激素分泌也有几个高峰。因此，肌肉白天不长只有晚上长的说法是不对的。肌肉任何时候都在生长，也都在分解。

运动对生长激素有什么影响呢？

如果运动做得合适，会促进运动后生长激素的分泌，这叫运动引起的一次性生长激素的急性分泌。要是白天运动，那照样运动后生长激素分泌增加，甚至可能比晚上还多。所以，我们增肌训练时要睡好觉睡够觉，但也不是说睡眠就是一切，睡不够觉就不能长肌肉。几乎所有应激因素都能刺激生长激素的分泌，比如发烧、手术、受伤，简单说，一受到外界刺激，身体一“着急”，不管是心理的还是生理的，当受到急性压力时，生长激素就分泌增加。注意这是急性压力，慢性压力不算。运动也是一种压力，所以运动会促进生长激素分泌。

饮食对生长激素的分泌有什么影响呢？

低血糖会促进生长激素分泌，高血糖会抑制生长激素分泌。其实这也很好理解，低血糖就是一种应激压力，所以会促进生长激素分泌。但有的人就说，我们应该不吃碳水，让身体低血糖，这样生长激素多，能长肌肉。这是很傻的想法。就好比教练为了让运动员发奋图强，取得好成绩，可以适当让他经历挫折，但如果直接把运动员弄受伤了，那就成病态了。

人为的低血糖是有利于生长激素提高的，但是血糖低了增肌就成了无源之水。同样，不吃饭也能促进生长激素提高（神经性厌食症患者生长激素水平普遍都很高），如果仅仅考虑生长激素的话，那增肌训练就应该饿着肚子了？当然不是。所以，一方面，任何事都不能只看一个方面因素，而要综合考虑。另一方面，增肌也不要盲目追求激素本身的高水平，没有营养，激素再高也没有用，大家一定要记住这一点。

饥饿会促进生长激素分泌，那么饱食就会降低生长激素的分泌水平。比如肥胖是会抑制生长激素分泌的，因为肥胖人群的血浆游离脂肪酸水平比较高，才会抑制生长激素分泌。

总的来说，有些能量的缺乏能刺激生长激素分泌。血糖低、血浆游离脂肪酸低，都能刺激生长激素的分泌。反过来，血糖高、血浆游离脂肪酸高，都会抑制生长激素的分泌。氨基酸比较特殊，一般认为，血浆中的氨基酸水平升高能刺激生长激素分泌增多。静脉注射氨基酸效果更明显，而口服氨基酸效果不很明显。

7.5　运动与生长激素的关系

首先，生长激素有个有趣的现象，女性生长激素基础水平要高于男性，这一点大家可能觉得比较意外。女性的基础生长激素水平大概是男性的 2.5 倍左右，生长激素的各种变化和反应也要快于男性，原因可能与雌激素对生长激素的促进作用有关。性激素对生长激素是有影响的，雌激素、雄激素都能促进生长激素分泌，但是雌激素效果要更明显。所以有些雌激素分泌不正常的女孩，生长发育也会受到影响。但雌激素对生长激素的调节有双向作用，具体情况比较复杂。

我们再说一下生长激素对肌肉力量和运动能力的影响。生长激素对运动能力的影响并非都是好的影响，也有坏的影响。比如生长激素可以提高肌肉量，但是如果是过量的生长激素，会让肌肉的功能下降。也就是说，肌肉是增大了，但是力量没有增强，甚至有所下降。肢端肥大症的病人往往就是这样，肌肉量大于普通人，但是力量并没有增加，甚至有所降低。还有些针对动物的研究发现，过量的生长激素会让Ⅰ型肌纤维选择性地增大，而Ⅱ型肌纤维萎缩。所以，生长激素超过正常的生理剂量太多，对力量型运动者来说不一定是好事。

有些研究发现，使用外源性生长激素，不同的人群效果不一样。对于生长激素本身缺乏的人来说，有提高肌肉量、提高肌肉力量和运动能力的作用；对于生长激素水平较低的老年人来说，外源性生长激素往往也对其有帮助；但是对于正常人来说，就没什么作用，或者说肌肉量提高了，但力量没提高，或者肌肉量也没提高。而对运动员来说，使用外源性生长激素有没有用现在还有争议。当然，这本身也是违禁的，不允许使用。

那么运动是怎么影响生长激素的呢？先说一次性运动之后的急性影响。

总的来说，运动可以促进生长激素的分泌，而且不用强度太高，一般中等偏低的强度就可以促进生长激素的分泌了。如果运动持续的时间长，比如超过 30 分钟，那么低强度运动也可以促进生长激素分泌。所以，运动强度方面，短时间中等或以上强度，或长时间低强度都可以促进生长激素分泌增加。

生长激素的“反应”不算慢，急性运动后，生长激素水平即刻就能提高，大概 15 ~ 20 分钟会达到峰值，运动后 30 ~ 60 分钟左右恢复到正常水平。当然，具体的运动还要看强度和时间。

有一些研究认为，长期进行有氧运动，那么运动时的生长激素反应可能就会降低。也就是说，没怎么运动过，跑一次步，生长激素水平升高得很快。长期训练后，生长激素的水平升高幅度就没那么大了。而力量训练促进生长激素分泌的效果比有氧运动要好。力量训练的时候，大家把握一个原则：越能促进乳酸分泌的训练方式，越有利于刺激生长激素分泌。也就是说，增肌式训练要比纯力量训练更能刺激生长激素分泌。总之，怎么有利于泵感，怎么有利于乳酸堆积，怎么就有利于生长激素的分泌。而且，在肌肉收缩的方式当中，有研究发现，向心收缩要比离心收缩更能刺激生长激素分泌。

生长激素分泌还有个有趣的现象，上肢的运动相比下肢运动更能刺激生长激素分泌。有研究认为，自由重量器械训练比固定器械训练更能刺激生长激素分泌，这一般认为跟自由重量训练参与的肌肉量较多有关。

以上是说运动对于生长激素的一次性影响，运动对生长激素的长期影响目前争议比较大。但一般认为，力量训练对生长激素的基础水平没有明显的影响，力量型运动员平常也不比普通人生长激素水平高。

7.6 IGF-1，被增肌者忽略的强力增肌促进剂

IGF 不止一种，其中 IGF-1 最重要，也被人关注最多。IGF 叫胰岛素样生长因子，长得跟胰岛素比较像，所以因此而得名。它跟生长激素的关系可以这么理解：生长激素是市长，它就是街道办的，属于基层办事的人。

生长激素一般刺激肝脏分泌 IGF，分泌完了进入血液，就变成血浆 IGF。但是前面也讲过，细胞也能自己分泌 IGF，所以肌肉细胞就能分泌 IGF，也能起作用，但这不属于血浆 IGF。

影响 IGF-1 分泌的因素主要有以下几个：

1. 生长激素。生长激素是 IGF-1 的领导，它要调控其分泌情况。生长激素分泌增多，IGF-1 分泌也增多。但是，生长激素刺激 IGF-1 分泌一般会有延迟，生长激素升高，IGF-1 的升高一般要等一段时间，大多数数据说是 8 ~ 24 小时。

2. 年龄。IGF-1 在青春期分泌得最多，30 岁后开始缓慢下降，老年人 IGF-1 水平明显降低。

3. 营养。营养充足有时生长激素反而分泌得少。IGF-1 不一样，吃得多吃得好，往往分泌也增加。所以会出现这么一种情况，比如营养不足的时候，生长激素水平虽然提高，但是 IGF-1 分泌减少。我们不能光看生长激素，生长激素分泌虽然增加，但是 IGF-1 分泌减少，这样基层没人办事还是不行，依旧无法促进增肌。所以营养不足时，生长激素水平升高，但是人的生长缓慢，甚至停滞。没有营养，没有 IGF，生长激素也是光杆领导，起不了作用。虽然说生长激素能刺激 IGF 的分泌，但是始终还是没有营养重要。

营养对 IGF-1 的影响还表现在训练前后的补充上。我们总强调训练前后补充糖和蛋白质，补充不补充对 IGF-1 的影响很明显。从一些研究来看，如果训练前后补充了营养，训练后的第 1、2、3 天 IGF-1 水平都明显高。

4. 运动。我们重点讲一下。首先，大家要建立一个概念，有些运动（尤其是消耗性的有氧运动）和饥饿在很多地方都是一样的，身体都是“负”向变化，也就是说，都是消耗身体，促进分解而不是合成。

饥饿会导致 IGF-1 降低，有些运动也一样。什么样的运动呢？长时间、较高强度、力竭性有氧运动，这类运动都会降低 IGF-1 的水平。比如马拉松或其他长时间较高强度的耐力运动。所以，为什么总说这种运动掉肌肉，不利于增肌，是因为这种消耗性的运动本身跟增肌这种合成代谢就不是一个“方向”。短时间的一次性运动一般能升高生长激素，但是不会升高 IGF-1。

这种结果很奇怪，按说生长激素升高，运动时间也不长，IGF-1 应该升高，但多数研究发现，IGF-1 没有明显变化。当然，说有变化的研究也有，但是相对少一些。有学者估计，可能是因为 IGF-1 的分泌比较慢，有延迟。我们也说了，生长激素先分泌，然后刺激 IGF-1 分泌，这需要一个过程。所以要是运动后马上测，可能生长激素上去了，但是 IGF-1 还没上去。

力量训练后，血液里 IGF-1 一般变化不明显，也有研究发现有升高，总之不像生长激素变化有明显的趋势。

另外注意，以上说的都是血浆 IGF-1。我们刚才说了，肌肉细胞也能分泌 IGF-1，它跟血浆 IGF-1 是一种东西，但是属于两个不同的系统。血浆 IGF-1 不升高，不代表肌肉 IGF-1 不升高。

实际上，确实有很多研究发现，力量训练后血浆 IGF-1 升高不明显或者不升高，但是肌肉细胞的 IGF-1 一般都有明显升高。也就是说，力量训练很可能使血浆 IGF-1 变化不明显，但局部肌肉的 IGF-1 水平升高，这似乎才是训练促进肌肉生长的直接方式之一。

最后，要再强调一下运动对 IGF-1 的基础水平的影响。有一些研究认为，相对于普通人，系统力量训练者 IGF-1 的基础水平会稍微高一点。但是也没有统一的明确结论，因为不同的人基础 IGF-1 水平差别本身也比较大。

对于 IGF-1，我们要知道：它对增肌很重要，甚至有时比生长激素本身还重要。但目前来看，为了保证 IGF-1 的水平，大家要特别注意营养（包括基础营养和训练前后的营养补充），因为营养对 IGF-1 的影响最大。